Tutti Baê

# Canto
uma consciência melódica
os intervalos através dos vocalizes

Nº Cat.: 359-M

Irmãos Vitale Editores Ltda.
vitale.com.br
Rua Raposo Tavares, 85   São Paulo  SP
CEP: 04704-110   editora@vitale.com.br   Tel.: 11 5081-9499

© Copyright 2003 by Irmãos Vitale Editores Ltda. - São Paulo - Rio de Janeiro - Brasil.
Todos os direitos autorais reservados para todos os países. *All rights reserved.*

```
CIP-BRASIL CATALOGAÇÃO NA FONTE
SINDICATO NACIONAL DOS EDITORES DE LIVROS, RJ

B13c

Baê, Tutti, 1964 -
  Canto : uma consciência melódica :
treinamento dos intervalos através dos vocalizes
/ Tutti Baê. - São Paulo : Irmãos Vitale

ISBN 85-7407-165-X
ISBN 978-85-7407-165-7

1. Canto - Estudo e ensino.
2. Intervalos musicais e escalas.
3. Solfejo
4. Música - Teoria elementar
I. Título.
                                          CDD-781.22
03-1319                                   CDU-781.22

  03.07.03           07.07.03              003702
```

# CRÉDITOS:

*Projeto gráfico/Editoração*
Ulisses de Castro

*Coordenação editorial*
Cláudio Hodnik

*Capa*
Wilian Kobata

*Revisão de texto*
Maria Helena Guimarães Pereira

*Produção executiva*
Fernando Vitale

# SUMÁRIO

| | | |
|---|---|---|
| Prefácio | | 5 |
| Apresentação | | 7 |

## Primeira Parte

| | |
|---|---|
| Capítulo I | 13 |
| Capítulo II | 19 |
| Capítulo III | 27 |

## Segunda Parte

| | | |
|---|---|---|
| Código para download dos áudios | | 34 |
| Série I | 2ª menor | 37 |
| | Exercícios 1 a 9 | 39 |
| Série II | 2ª Maior | 43 |
| | Exercícios 10 a 20 | 45 |
| Série III | 3ª menor | 49 |
| | Exercícios 21 a 33 | 51 |
| Série IV | 3ª Maior | 55 |
| | Exercícios 34 a 45 | 57 |
| Série V | 4ª justa | 61 |
| | Exercícios 46 a 58 | 63 |
| Série VI | 4ª aumentada | 67 |
| | Exercícios 50 a 71 | 69 |
| Série VII | 5ª justa | 73 |
| | Exercícios 72 a 81 | 75 |
| Série VIII | 6ª menor | 79 |
| | Exercícios 82 a 91 | 81 |
| Série IX | 6ª Maior | 85 |
| | Exercícios 92 a 102 | 87 |
| Série X | 7ª menor | 91 |
| | Exercícios 103 a 111 | 93 |
| Série XI | 7ª Maior | 97 |
| | Exercícios 112 a 121 | 99 |
| Série XII | 8ª justa | 103 |
| | Exercícios 122 a 130 | 105 |
| Gabarito do Exercício do Capítulo III | | 108 |
| Tutti Baê | | 109 |
| Bibliografia e sugestões | | 111 |

## PREFÁCIO

A experiência artística faz parte do cotidiano de todos que a vivenciam de acordo com suas necessidades. A intensidade com que se pode aprender a obra de arte está condicionada à percepção, objeto de estudo tanto para o artista, como para seu espectador.

É com o objetivo de desenvolver a percepção musical - a capacidade de compreensão da obra - que muitos procuram literatura de apoio e, na grande maioria dos casos, auxílio de professores para treinamento apropriado. A literatura que envolve treinamento conta hoje com recursos de áudio e informática ainda muito pouco usados para este fim. Soma-se o fato de que alguns livros publicados em língua portuguesa para o treinamento específico do solfejo, matéria fundamental na alfabetização musical, previam tão somente a leitura falada das notas, recurso didático já ultrapassado, tornando sua literatura imprópria para o treinamento do solfejo cantado.

O princípio deste treinamento é o entendimento de um dos elementos da música denominado melodia, formada por sons que se relacionam através dos diversos intervalos e ritmos.

É com essa nova consciência que Tutti Baê, cantora, compositora e didata, publica o livro "Canto: Uma Consciência Melódica" - Treinamento dos intervalos através dos vocalizes. Nesta obra a autora propicia um treinamento básico e bem elaborado dos intervalos musicais, vinculando-o ao estudo da voz, e utiliza exercícios vocais - vocalizes - para o treinamento do solfejo.

Outro aspecto importante é que os exercícios escritos são acompanhados de áudio que exemplificam sua execução, auxiliando o estudante na compreensão dos intervalos e, sobretudo, na afinação vocal, objetivo de cantores, mais especificamente, e de todos os que trilham o aprendizado da música.

Esta publicação ressalta um conceito que deve ser relevado por todos aqueles que orientam o estudo da percepção musical. O recurso vocal é base do solfejo e seu uso deve ser sempre cauteloso. Tutti Baê registra esta orientação através da composição de cada um dos exercícios deste livro, com vistas ao aprimoramento musical em conjunto com o desenvolvimento da voz.

*Gisela Nogueira*

Master of Music in Performance
Roval Northem College of Music-UK

Professora de violão, Percepção Musical e Música de câmara da Unesp-SP

# APRESENTAÇÃO

Os cantores se exercitam fazendo vocalizes (intervalos musicais dispostos melodicamente). Nos vocalizes costumam estar presentes todos os intervalos. Porém quando se está iniciando o estudo, o aluno, na maioria dos casos, tem dificuldade em reconhecer exatamente qual intervalo está sendo abordado em determinado exercício. O cantor acaba trabalhando mais a parte de técnica vocal que a percepção musical entretanto, técnica e percepção devem andar juntas.

Conhecendo os intervalos, podemos aprender com mais facilidade e rapidez uma melodia (fator importante em gravações, principalmente de jingles), melhorar a afinação, ganhar segurança na hora de cantar em coro (abrir vozes). A conscientização melódica permite ao cantor ativar ainda mais sua expressão musical, e melhorar a qualidade e a criatividade de sua composição e improvisação.

O objetivo principal deste livro é o estudo dos intervalos.

Na Primeira Parte (cap. 1, 2, 3), faço uma breve exposição sobre como classificar os intervalos. Os três primeiros capítulos são importantes para quem ainda não teve contato com o assunto.

Na Segunda Parte, passamos à prática. Acompanha o livro um CD com 130 exercícios tocados ao piano para facilitar o estudo. A cada série trabalhamos um intervalo diferente. As séries são compostas de vários exercícios utilizando o mesmo intervalo. Cada série abre com duas músicas, que trazem em sua melodia o intervalo que será estudado. O aluno pode aprender a cantar as músicas para ajudar na memorização. No final de cada duas séres, será proposto um ditado, para que o cantor perceba se está realmente reconhecendo o intervalo estudado.

Os exercícios estão em forma de vocalizes, por isso o aluno não deve esquecer de aliar a este estudo de percepção, a técnica vocal *. Fazer sempre os exercícios, usando a respiração correta (apoio diafragmático), articulação e ressonância, é muito importante para a saúde vocal e para um total aproveitamento.

* livro Canto Uma Expressão (Cap. 1 ,2,3)

Faça os exercícios, evitando tensões corporais, principalmente nos ombros. O rosto também deve ter uma expressão suave e natural.

Devemos criar uma rotina de estudo. A disciplina é que gera resultados.

Nossa voz é um instrumento melódico. Por isso é importante estudar um instrumento harmônico (como piano ou violão), para ajudar a ampliar os conhecimentos teóricos e práticos.

Gostaria de ressaltar que o solfejo cantado complementa ainda mais o estudo do cantor. No final desta edição, sugiro vários livros tanto de teoria musical como de solfejo.

Tutti Baê

# PRIMEIRA PARTE

Capítulo 1

Capítulo 2

Capítulo 3

# GENERAL PART

# Capítulo I

## CAPÍTULO I

Vamos analisar alguns compassos de uma música:

### A Felicidade

Tom Jobim / Vinícius de Moraes

Tris - te_____ za não__ tem fim_____

Podemos notar que a melodia da música acima é formada de vários intervalos. Nós, cantores, executamos intervalos o tempo todo, daí a importância de nos familiarizarmos com este assunto. O estudo dos intervalos fará com que o cantor melhore sua afinação, tenha mais facilidade em memorizar melodias e sinta mais segurança quando estiver participando de coro.

Nestes três primeiros capítulos, vamos conhecer e aprender a classificar os intervalos no papel.

Vamos começar pela definição.

O que é intervalo?

**"Intervalo é a diferença de altura entre dois sons"**

[Osvaldo Lacerda]

Veja o exemplo a seguir:

entre a nota DÓ e a nota RÉ temos um intervalo, no caso de um tom.

Os intervalos também podem ser ascendentes ou descendentes.

ascendente       descendente

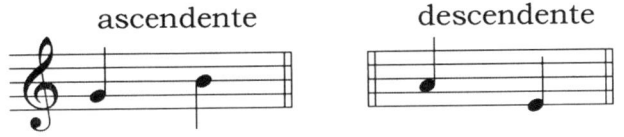

13

Através dos graus da escala, podemos classificar os intervalos como sendo de segunda, terça, quarta, quinta, sexta, sétima e oitava.

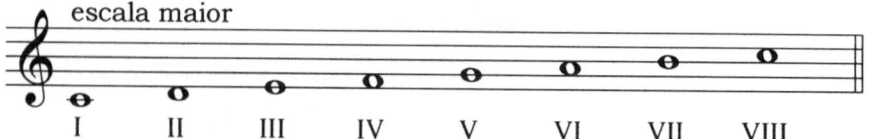

Veja o quadro abaixo:

| Intervalo de **segunda** |  I — II |
| Intervalo de **terça** |  I — III |
| Intervalo de **quarta** |  I — IV |
| Intervalo de **quinta** |  I — V |
| Intervalo de **sexta** |  I — VI |
| Intervalo de **sétima** |  I — VII |
| Intervalo de **oitava** |  I — VIII |

Até a oitava os intervalos são chamados de *Simples*.

Os Intervalos que ultrapassam a oitava são chamados de *Intervalos Compostos*, são eles:

 Intervalo de **nona**
(composto por um intervalo de oitava mais um de segunda)

 Intervalo de **décima**
(composto por um intervalo de oitava mais um de terça)

 Intervalo de **décima primeira**
(composto por um intervalo de oitava mais um de quarta)

 Intervalo de **décima segunda**
(composto por um intervalo de oitava mais um de quinta)

 Intervalo de **décima terceira**
(composto por um intervalo de oitava mais um de sexta)

Tabela de equivalência dos intervalos compostos:

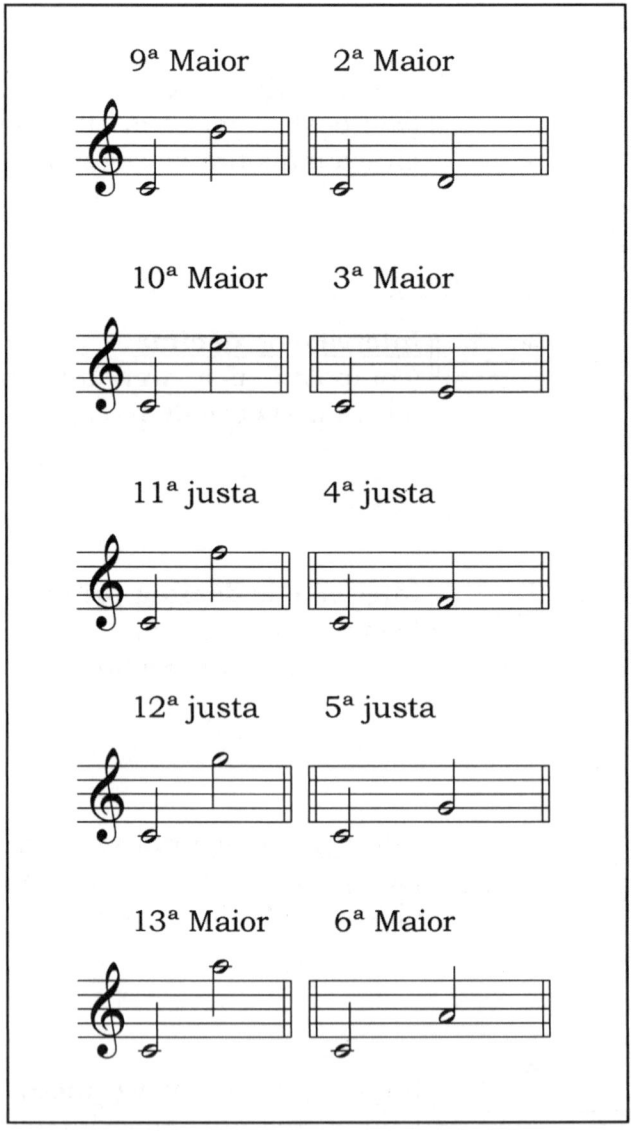

# Capítulo II

# CAPÍTULO II

Ao analisarmos a escala de DÓ Maior notamos naturalmente dois grupos de intervalos, os de 2ª, 3ª, 6ª e 7ª, que são chamados de **Maiores**, e os de 4ª, 5ª e 8ª, chamados de intervalos **justos** (tendo como referência a nota dó).

Veja estes dois exemplos:

Pelo que estudamos no capítulo anterior, os dois exemplos acima são intervalos de segunda. Porém, qual a diferença entre eles?

No primeiro exemplo, temos a diferença de um tom entre a nota DÓ e a nota RÉ, e no segundo exemplo, entre a nota DÓ e a nota RÉ bemol temos meio tom de diferença.
O que torna o primeiro exemplo um intervalo de **2ª Maior** e o segundo exemplo um intervalo de **2ª menor**.

Vamos analisar com atenção o quadro a seguir:

Intervalos **Simples**:

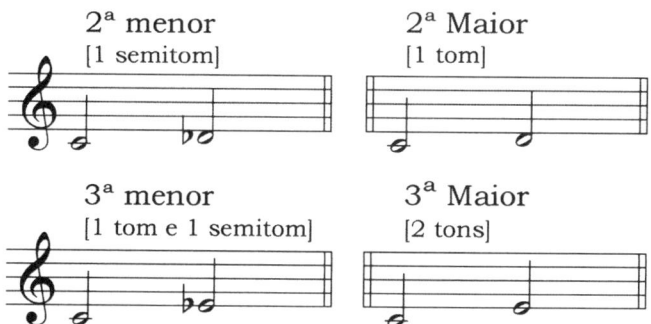

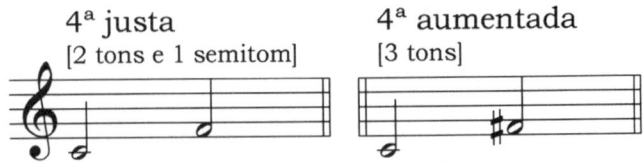

**Obs:** Os intervalos de quarta aumentada e quinta diminuta [também chamados de **trítono** - 3 tons] têm o mesmo número de tons entre eles. Se tocarmos no piano, vamos ouvir o mesmo som, porém a grafia não é a mesma.
A este fenômeno chamamos de **enarmonia**.

Parte I - Capítulo II  Intervalo

## Intervalos **Compostos**:

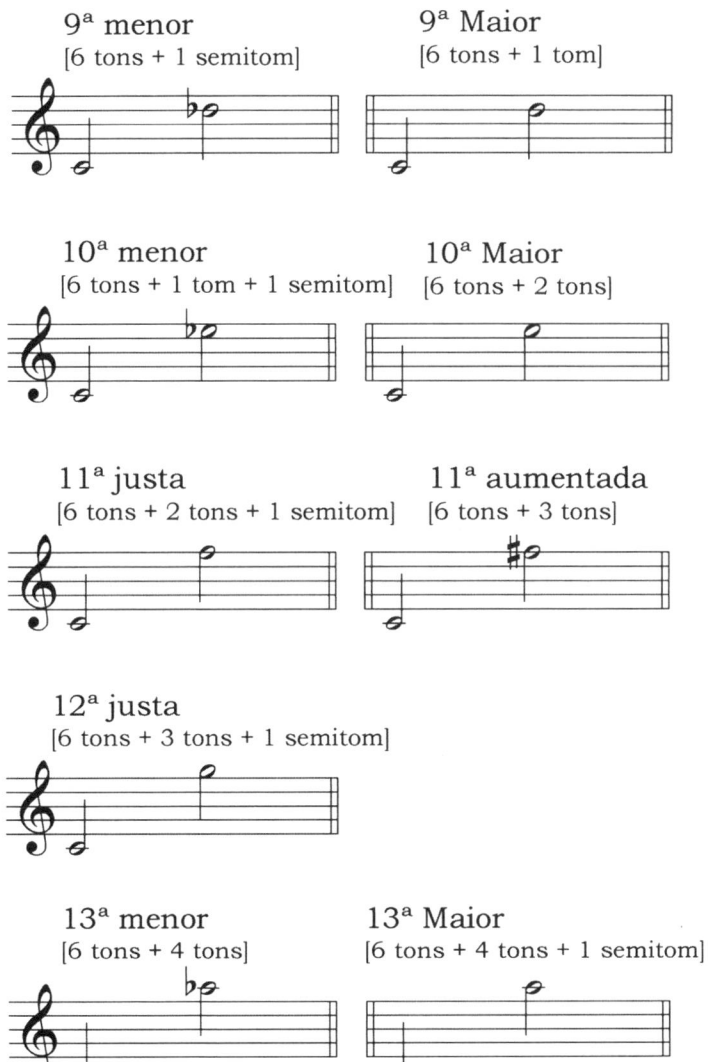

Podemos, então, perceber com o quadro acima que a quantidade de tons e semitons determina se o intervalo é Maior, menor, justo, aumentado ou diminuto.

Para finalizarmos este capítulo, vamos analisar os quatro exemplos abaixo:

Os exemplos 1 e 2 são classificados como:

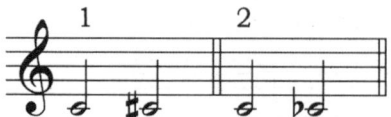

**2ª menor cromática**.

Os exemplos 3 e 4 são classificados como:

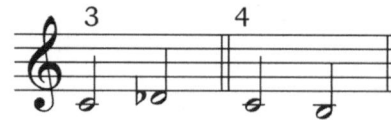

**2ª menor diatônica**.

Vamos agora analisar alguns exemplos de intervalos.

Faça um teste: esconda as respostas e tente fazer a análise usando o quadro anterior.

Exemplos:

5ª J　　2ª M　　4ª J　　5ª dim

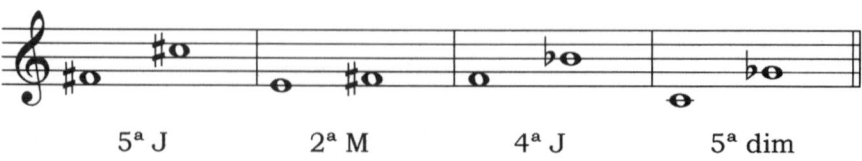

Parte I - Capítulo II                                                                                     Intervalo

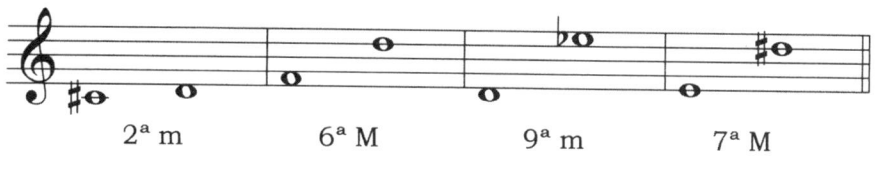

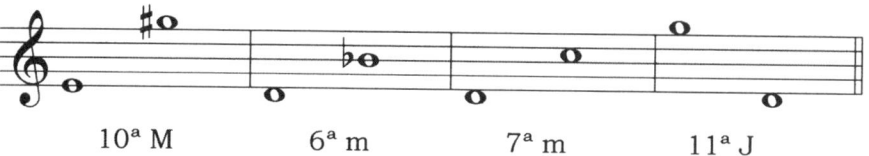

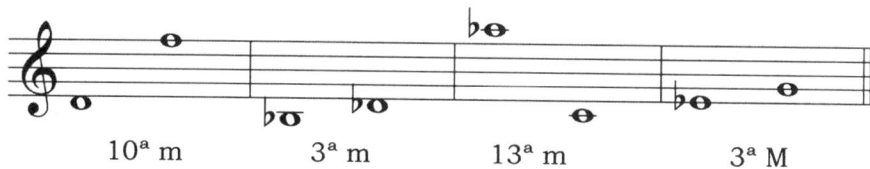

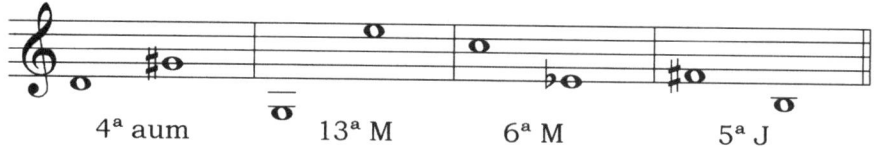

Espero que você tenha conseguido classificar os intervalos acima sem problemas.

Talvez tenha notado que quando os intervalos são alterados com muitos acidentes, torna-se complicado contar tantos tons e semitons entre eles, o que acaba dando margem a muitos erros na análise.

Iniciaremos o próximo capítulo com um outro método para análise dos intervalos.

# Capítulo III

# CAPÍTULO III

O pré-requisito para começarmos a analisar os intervalos por este novo processo é conhecer as escalas Maiores. Vamos seguir o ciclo das quintas para achar os sutenidos e depois o ciclo das quartas para achar os bemois.

Partiremos da fórmula que encontramos na escala de DÓ Maior.

Exemplo:

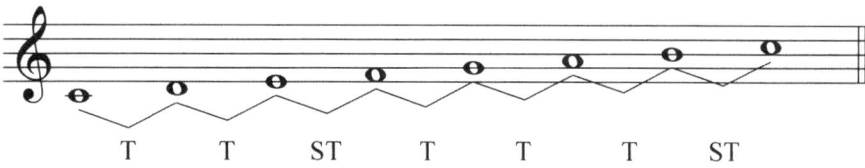

Se subirmos uma quinta, vamos para a tonalidade de SOL Maior. Para mantermos a fórmula (T, T, ST, T, T, T, ST), teremos que colocar um sustenido na nota FÁ.

E assim por diante, até acharmos todas as armaduras de clave.

Canto: Uma Consciência Melódica

escala de Lá Maior (A) [fá# - dó# - sol#]

escala de Mi Maior (E) [fá# - dó# - sol# - ré#]

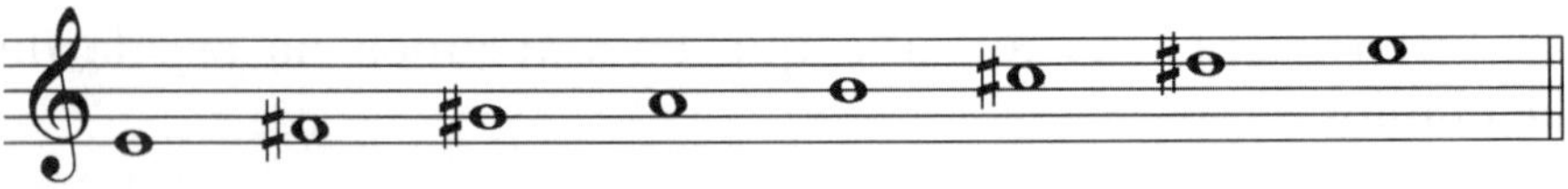

escala de Si Maior (B) [fá# - dó# - sol# - ré# - lá#]

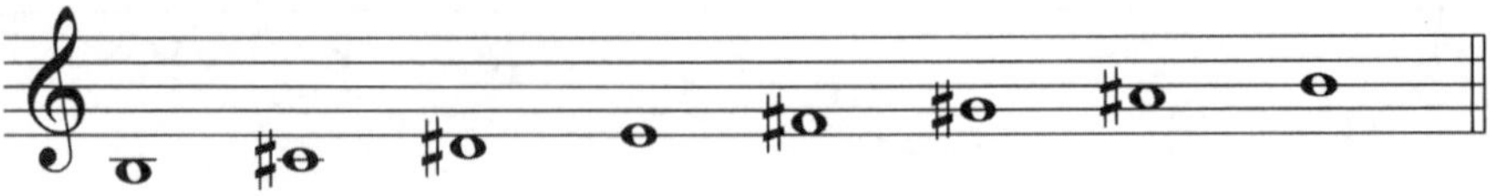

escala de Fá sustenido Maior (F#) [fá# - dó# - sol# - ré# - lá# - mi#]

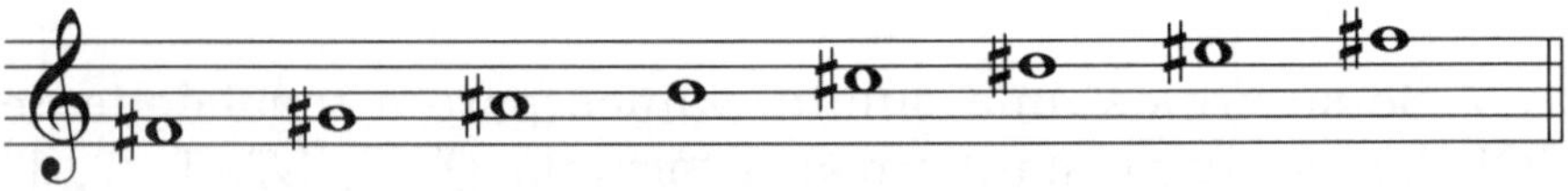

escala de Dó sustenido Maior (C#) [fá# - dó# - sol# - ré# - lá# - mi# - si#]

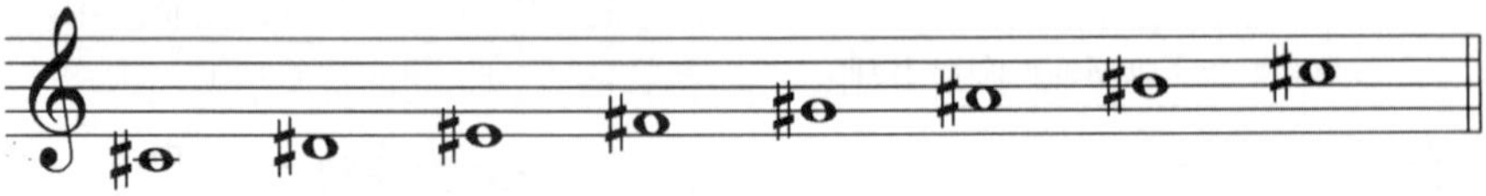

Armaduras de clave

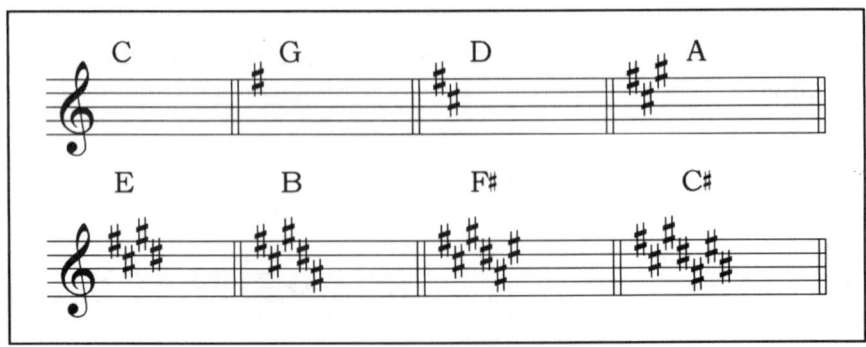

Ordem dos sustenidos: fá - dó - sol - ré - lá - mi - si

Partiremos novamente da escala de Dó Maior, subiremos uma quarta, chegaremos na escala de Fá Maior, continuaremos a manter a fórmula (T, T, ST, T, T, T, ST) e logo vamos encontrar o primeiro bemol.

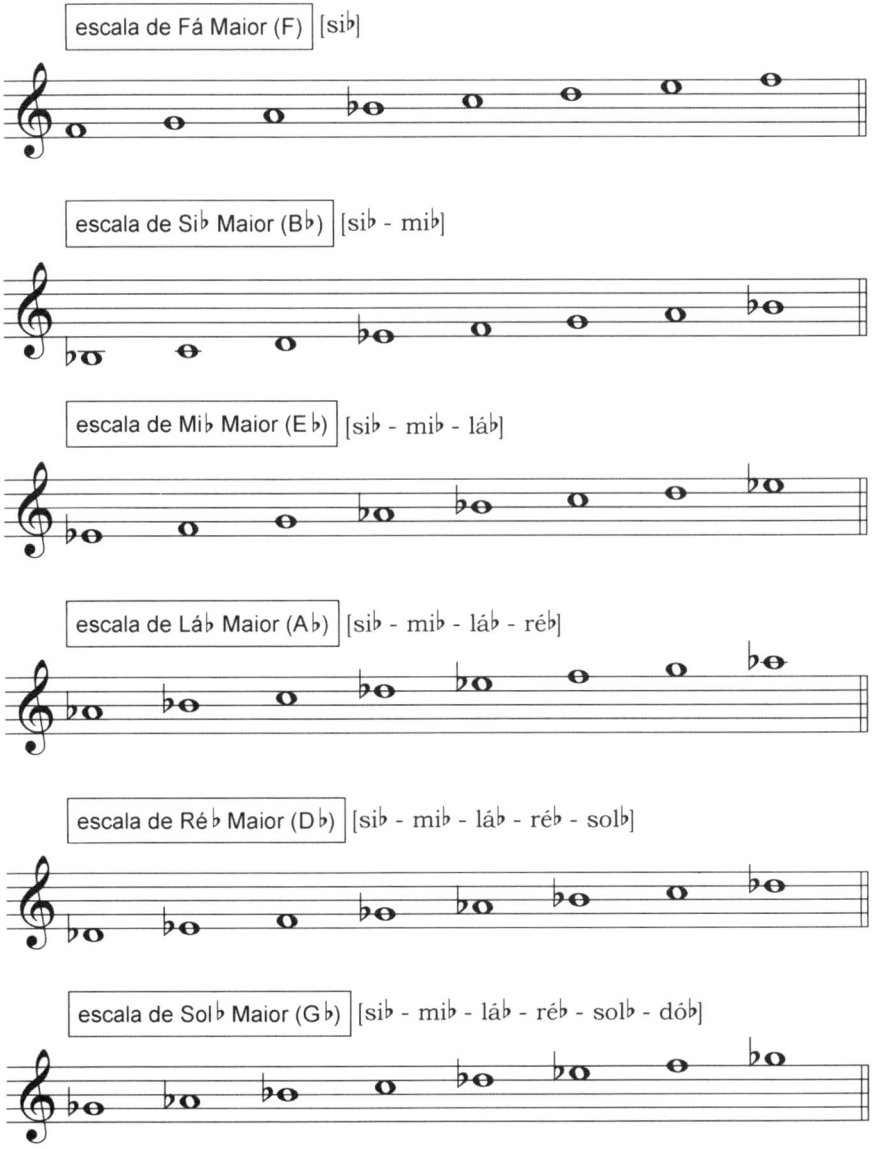

escala de Dó♭ Maior (C♭)  [si♭ - mi♭ - lá♭ - ré♭ - sol♭ - dó♭ - fá♭]

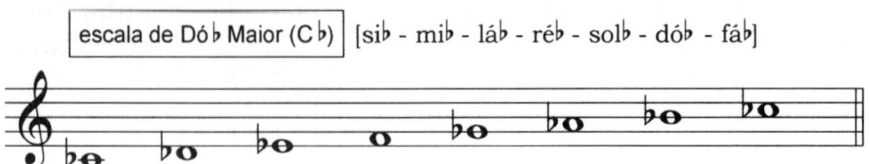

Armadura de clave

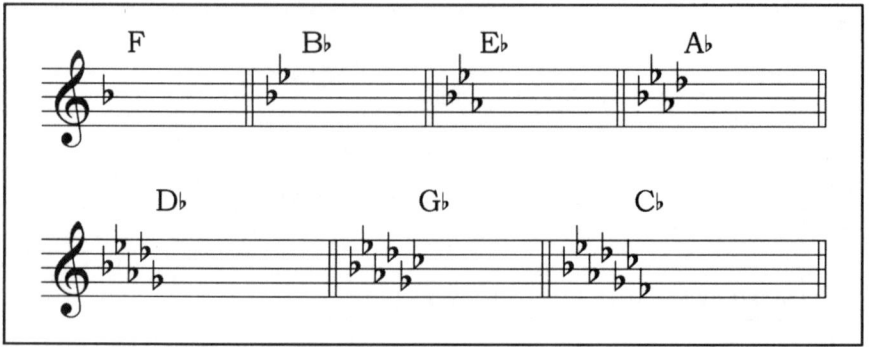

Ordem dos bemois: si - mi - lá - ré - sol - dó - fá

Agora, conhecendo as armaduras de clave fica muito mais fácil analisar os intervalos.

Vamos fazer a análise do intervalo **DÓ / SOL**, usando este método. Vejamos:

Exemplo:

Sabemos que de DÓ para SOL, temos um intervalo de quinta. Vamos pegar a primeira nota, no caso a nota DÓ, e pensar:

"Na escala de Dó o SOL costuma ter algum acidente?"

A resposta é não. O SOL na escala de Dó é natural. Portanto, o intervalo é de quinta justa.

Outro exemplo:

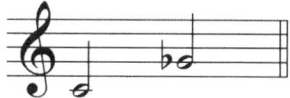

Usamos o mesmo raciocínio do exemplo anterior.

Na escala de Dó o SOL é sempre natural. Se ele está com um bemol, ou seja, meio tom abaixo, classificamos este intervalo como sendo uma quinta diminuta.

Outro exemplo:

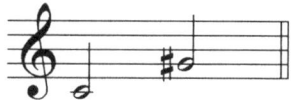

Na escala de Dó, o SOL é natural. Como no exemplo ele está meio tom acima, podemos classificar este intervalo como quinta aumentada.

Vamos ver mais alguns exemplos:

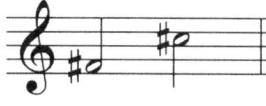

Na escala de FÁ#, o DÓ é sustenido, por isso este intervalo é uma **quinta justa**.

Na escala de FÁ#, o DÓ é sustenido, como no exemplo acima. Neste, está com dobrado sustenido, passando a ser um intervalo de **quinta aumentada**.

Na escala de FÁ#, o DÓ é sustenido. Como ele se apresenta natural, classificamos esse intervalo como **quinta diminuta**.

Usando esta regra, vamos fazer agora alguns exercícios (o gabarito está no final da série XII - pág. 108).

Confira as respostas e peça a seu professor ou colega de estudo que passe mais alguns exercícios, para que você se familiarize ainda mais com os métodos para classificar os intervalos.

Finalizando este estudo, passamos à segunda parte deste livro.

# SEGUNDA PARTE

Série I

Série II

Série III

Série IV

Série V

Série VI

Série VII

Série VIII

Série IX

Série X

Série XI

Série XII

 Arquivos de áudio *play-a-long* em MP3 estão disponíveis para *download* gratuito em:

**vitale.com.br/downloads/audios/359-M.zip**

ou através do escaneamento do código abaixo:

*Obs.: Caso necessário, instale um software de descompactação de arquivos.*

Iniciaremos agora a prática. Trabalharemos cada intervalo separadamente a cada uma das séries. Cada série é composta de 9 a 13 exercícios. Em cada exercício, proporemos uma determinada vogal, mas você poderá repetir o mesmo exercício com todas as vogais (a, ê, é, i, ô, ó, u e também an, en, in, on, un).

No final de cada duas séries, será sugerido um ditado, que poderá ser feito de duas maneiras. Primeiro, professor ou colega de estudo toca uma nota, por exemplo "sol", e pede ao aluno que cante um tom acima, ou seja, a nota "lá", formando um intervalo de segunda Maior ascendente, e assim por diante com todos os intervalos. Numa segunda fase, o professor toca os intervalos e o aluno vai classificando.

Exemplo: professor toca a nota "dó" e depois a nota "fá", e pede ao aluno que classifique o intervalo. No caso, o aluno deveria classificar o intervalo como uma quarta justa, fazendo desta maneira com todos os intervalos, para perceber se foram memorizados. Para facilitar o ditado, estude cada uma das músicas que abrem as séries.

Antes de começar seu estudo, faça um breve aquecimento vocal; cante com volume moderado, prestando atenção na afinação. Os exercícios devem ser feitos em frente ao espelho, para que você possa conferir sua articulação e perceber se está usando o apoio da respiração corretamente. Não esqueça de descansar entre um exercício e outro pelo menos 1 minuto. Essas dicas são importantes, principalmente se você estiver se exercitando sozinho. Neste caso, não ultrapasse 20 minutos diariamente.

# ÁUDIOS

As progressões melódicas seguem o mesmo intervalo da série.

Exemplo: na série da 3ª Maior, os exercícios progridem em terças Maiores, em vez de progredirem cromaticamente, como é o usual. Mas você poderá também exercitá-los cromaticamente se quiser, tocando-os no piano ou violão. Nenhum dos exercícios ultrapassa a tessitura abaixo. Por esta razão, a partir da série VIII (6ª menor), as progressões não estão registradas nos áudios.

Exemplo: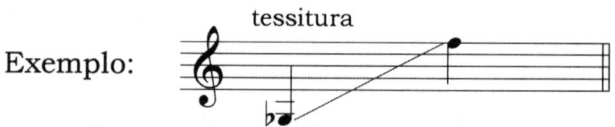

Para cada exercício serão propostas duas ou mais vogais, para que você treine, além da percepção, a emissão de cada nota. Como geralmente os exercícios têm "A" e "B", repita o áudio. Por causa da formataçãos dos áudios, tivemos que colocar dois vocalizes por faixa. Antes de cada exercício está indicada a faixa do áudio.

As séries estão dispostas da seguinte forma:

| | |
|---|---|
| série I | - 2ª menor |
| série II | - 2ª Maior |
| série III | - 3ª menor |
| série IV | - 3ª Maior |
| série V | - 4ª justa |
| série VI | - 4ª aumentada |
| série VII | - 5ª justa |
| série VIII | - 6ª menor |
| série IX | - 6ª Maior |
| série X | - 7ª menor |
| série XI | - 7ª Maior |
| série XII | - 8ª justa |

Obs.: Em alguns exemplos, usamos este sinal ⌐⎯⎯⎯⌐ para indicar o intervalo.

Parte II  série I - 2ª menor

## 2ª menor ascendente

### Folhas mortas

Ary Barroso

Sei que fa-lam de mim  Sei que zom-bam de mim___

## 2ª menor descendente

### Nada além

Custódio Mesquita / Mário Lago

Na-da_a-lém.  Na-da_a-lém de u-ma i - lu - são___

# SÉRIE I  2ª menor (intervalo de meio tom)

Exemplo de 2ª menor ascendente

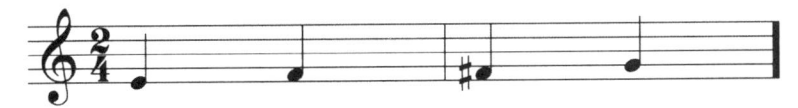

Exemplo de 2ª menor descendente

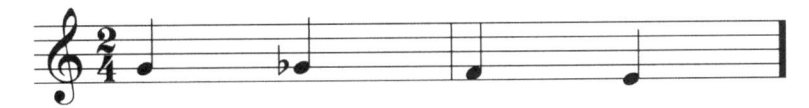

EXERCÍCIOS  [01 - 09]  9 exercícios

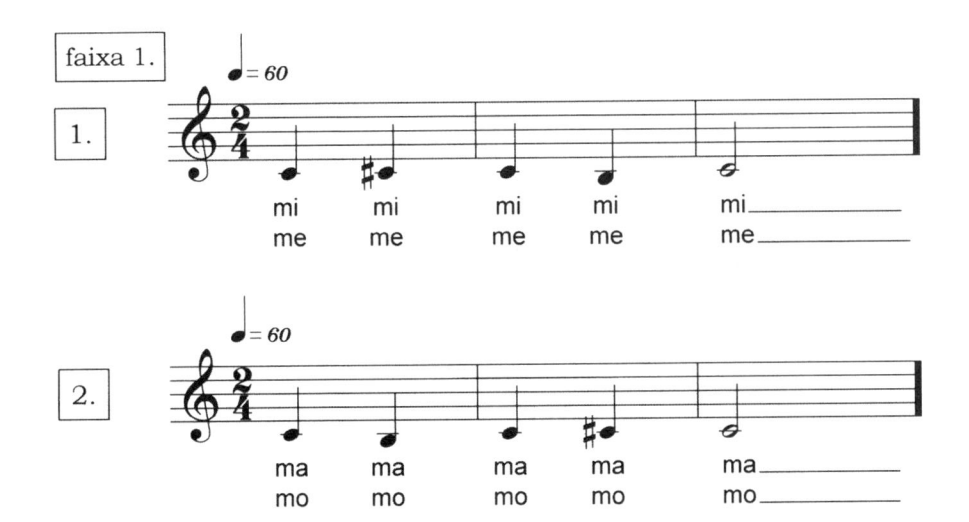

faixa 1.

1.
mi   mi   mi   mi   mi____
me   me   me   me   me____

2.
ma   ma   ma   ma   ma____
mo   mo   mo   mo   mo____

Canto: Uma Consciência Melódica

**faixa 2.**

**3.** ♩=60, 12/8

no na no na no na___
na no na no na no___

**4.** ♩=60, C

a a a a a a a a___
o o o o o o o o___
e e e e e e e e___
i i i i i i i i___

**faixa 3.**

**5.** ♩=72, 2/4

na ne ni  na no ni  na na ne ni  na___

**6.** ♩=72, 2/4

no ni ne  no na ne  no no ni ne  no___

Parte II                                    série I - 2ª menor

faixa 4.

7.

♩ = 72

Fazer com todas as vogais

8.  Para o exercício 8, será proposto o andamento ♩= 76 inicialmente. Mas com o tempo você poderá diminuir o andamento, para dificultar ainda mais o exercício.

No começo respire a cada compasso; depois a cada dois e depois faça os cinco compassos com a mesma respiração.

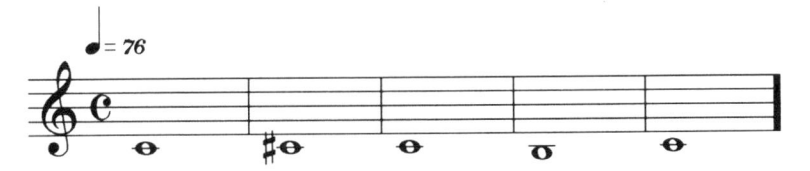

♩ = 76

Fazer com todas as vogais

faixa 5.

9.

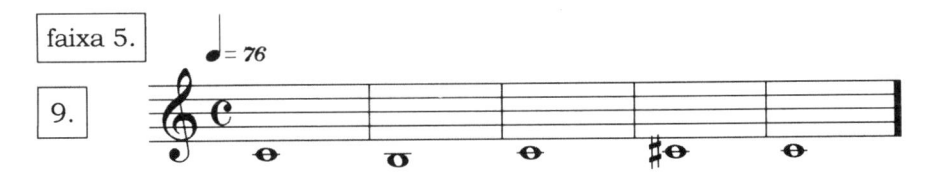

♩ = 76

Fazer com todas as vogais

41

## 2ª Maior ascendente

### Aquarela do Brasil

Ary Barroso

Bra - sil, _____ meu Bra - sil bra - si - lei - ro

## 2ª Maior descendente

### Lamentos

Pixinguinha / Vinícius de Moraes

Mo - re - na, tem pe - na _____

**SÉRIE II**  2ª Maior (intervalo de 1 tom)

Exemplo de 2ª Maior ascendente

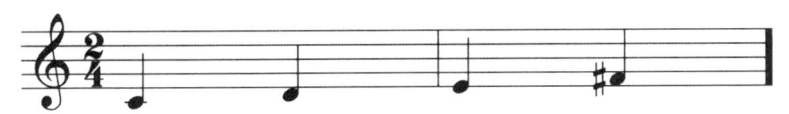

Exemplo de 2ª Maior descendente

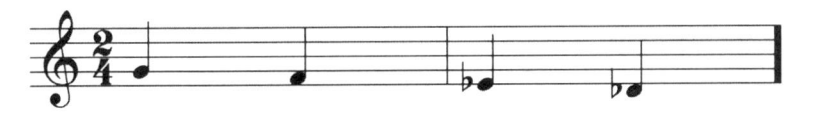

EXERCÍCIOS   [10 - 20]   11 exercícios

faixa 6.

♩ = 60

10.

ma  ma  ma  ma  ma___
mo  mo  mo  mo  mo___

♩ = 60

11.

me  me  me  me  me___
mi  mi  mi  mi  mi___

Canto: Uma Consciência Melódica

Parte II                                       série II - 2ª Maior

**faixa 9.**   ♩=62

**16.**

ni  ne  a   ni  ne  a   ne____
ne  ni  o   ne  ni  o   ni____

♩=62

**17.**

no  na  i   no  na  i   no____
na  no  e   na  no  e   na____

**faixa 10.**   ♩=72

**18.**

Fazer com todas as vogais

♩=76

**19.** *

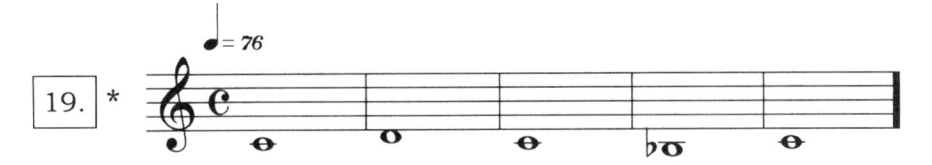

Fazer com todas as vogais

**faixa 11.**   ♩=76

**20.** *

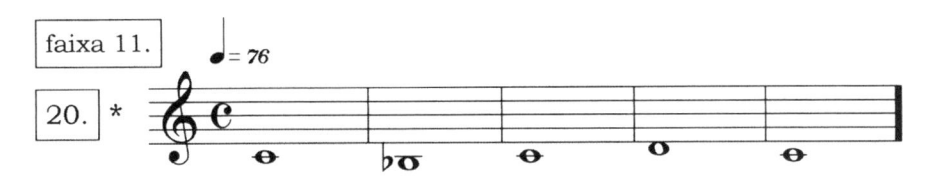

Fazer com todas as vogais

\* *Veja explicação no ex. 8 da página 41*

47

Parte II  série III - 3ª menor

## 3ª menor ascendente

### Se é tarde me perdoa

Carlos Lyra / Ronaldo Boscoli

Se_é tar - de ____ me per - do ____ a

## 3ª menor descendente

### Lobo bobo

Carlos Lyra / Ronaldo Boscoli

E - ra_u ____ ma vez um lo ____ bo mau que re ____ sol-veu jan-tar

## SÉRIE III  3ª menor (intervalo de 1 tom e 1 semitom)

Exemplo de 3ª menor ascendente

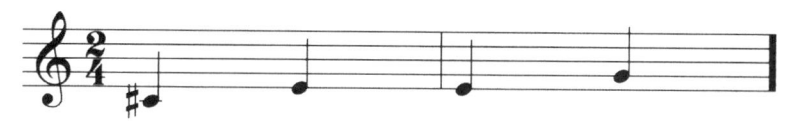

Exemplo de 3ª menor descendente

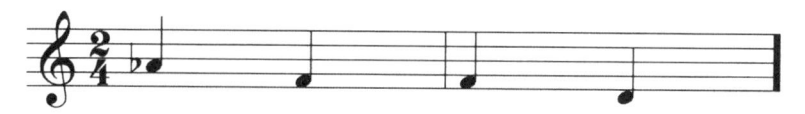

EXERCÍCIOS  [21 - 33]  13 exercícios

faixa 12.

21.

la la la la la_____
lo lo lo lo lo_____

22.

le le le le le_____
li li li li li_____

Canto: Uma Consciência Melódica

faixa 13.

23. li le li lo le li___

24. le li le la li le___

faixa 14.

25. la lo la le lo la___

26. lo la lo li la lo___

faixa 15.

27. la ra la ra la ra ra la ra la ra
    le re le re le re re le re le re

28.

Fazer com todas as vogais

52

Parte II                                                  série III - 3ª menor

faixa 16.

29.

Fazer com todas as vogais

30.

Fazer com todas as vogais

faixa 17.

31. No primeiro compasso, ouça o acorde e o arpejo tocados pelo piano. No compasso seguinte, o piano toca só o acorde, para que você cante o arpejo, alternando assim até o fim do exercício.

Fazer com todas as vogais

faixa 18.

32. *

Fazer com todas as vogais

faixa 19.

33. *

Fazer com todas as vogais

* Veja explicação no ex. 8 da página 41

## 3ª Maior ascendente

### Linha do horizonte

Paraná / Paulo Sérgio Valle

É, eu vou pro ar No a-zul mais lin-do Eu vou mo-rar

## 3ª Maior descendente

### Águas de março

Antônio Carlos Jobim

É pau, é pe-dra_é_o fim do ca-mi nho_é um res-to de to

Parte II                                        série IV - 3ª Maior

## SÉRIE IV    3ª Maior (intervalo de 2 tons)

Exemplo de 3ª Maior ascendente

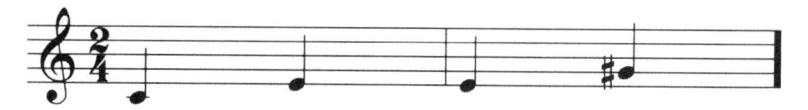

Exemplo de 3ª Maior descendente

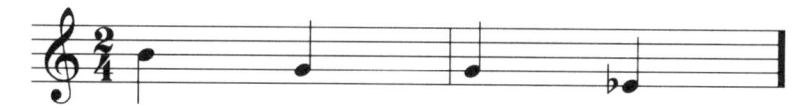

EXERCÍCIOS    [34 - 45]    12 exercícios

faixa 20.

♩ = 60

34.

le    le    le    le    le
li    li    li    li    li

♩ = 60

35.

lo    lo    lo    lo    lo
la    la    la    la    la

57

Canto: Uma Consciência Melódica

faixa 21.

36.
lo  li  lo  la  lo  la

37.
la  le  la  lo  la  lo

faixa 22.

38.
le  lo  le  li  le  li

39.
li  la  li  le  li  le

faixa 23.

40.
la ra la la ra la  ra la ra ra la ra
lo ro lo lo ro lo  ro lo ro ro lo ro

41.

Fazer com todas as vogais

Parte II                                   série IV - 3ª Maior

**faixa 24.**

**42.**

Fazer com todas as vogais

**43.** *

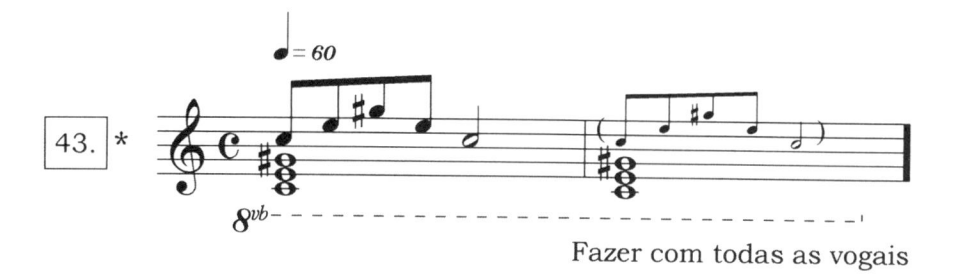

Fazer com todas as vogais

**faixa 25.**

**44.** **

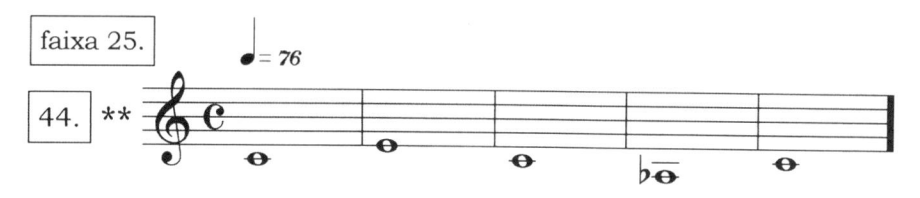

Fazer com todas as vogais

**faixa 26.**

**45.** **

Fazer com todas as vogais

Agora faça um ditado utilizando 2ª menor, 2ª Maior, 3ª menor e 3ª Maior.

* *Veja explicação no ex. 31 da página 53*
** *Veja explicação no ex. 8 da página 41*

Parte II — série V - 4ª justa

## 4ª justa ascendente

### Se acaso você chegasse

*Lupicínio Rodrigues / Felisberto Martins*

Se_a ca\_\_\_\_ so vo - cê che - gas - se No meu\_\_\_\_ cha - tô en - con

## 4ª justa descendente

### Chovendo na roseira

*Antônio Carlos Jobim*

O - lha,_____ es - tá cho - ven - do na ro - sei - - ra

## SÉRIE V    4ª justa (intervalo de 2 tons e 1 semitom)

Exemplo de 4ª justa ascendente

Exemplo de 4ª justa descendente

EXERCÍCIOS    [46 - 58]    13 exercícios

faixa 27.

46.  ♩= 60

pa   pa   pa   pa   pa_____
po   po   po   po   po_____

47.  ♩= 60

pe   pe   pe   pe   pe_____
pi   pi   pi   pi   pi_____

Canto: Uma Consciência Melódica

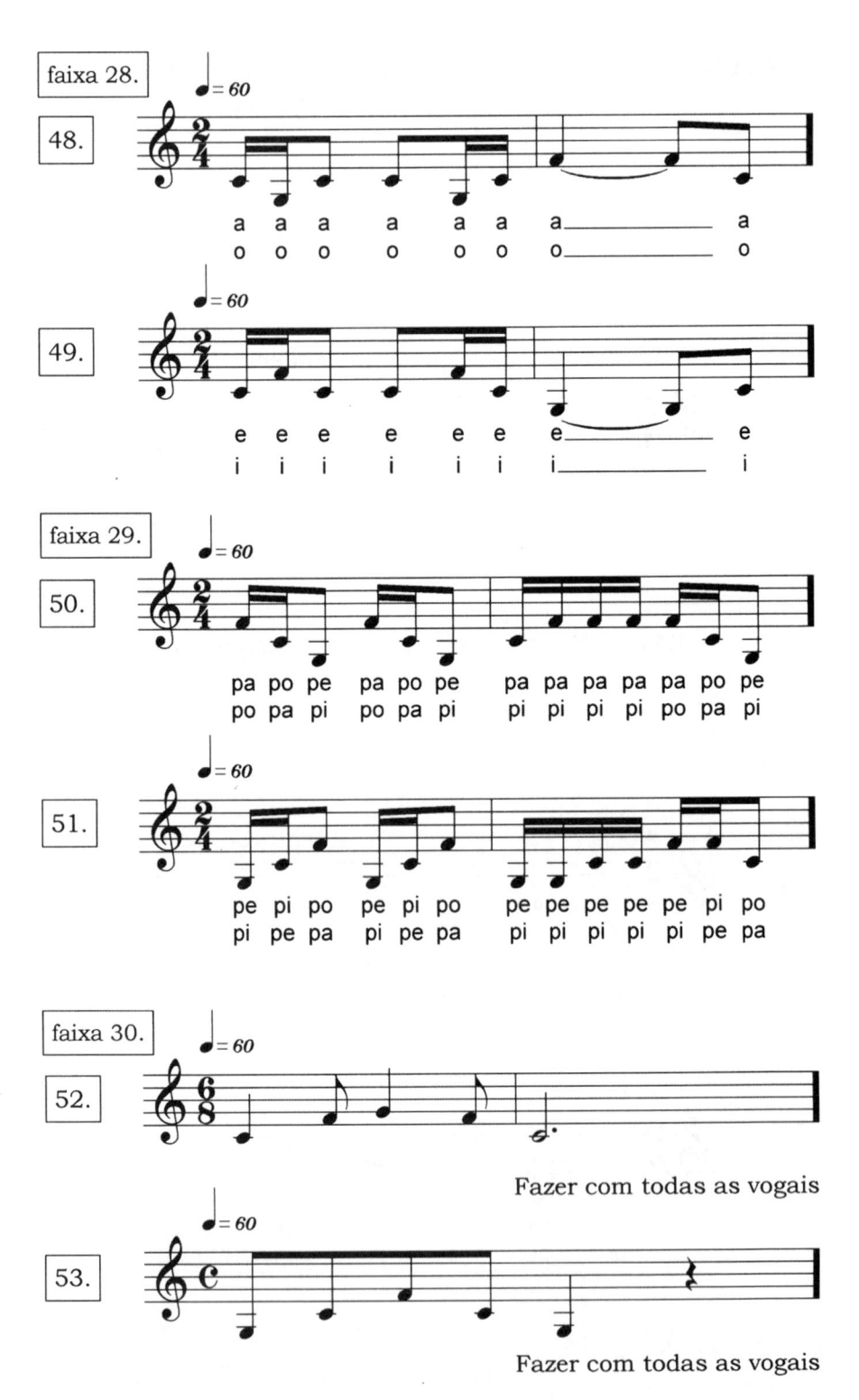

faixa 28.

48.

a a a a a a a a
o o o o o o o o

49.

e e e e e e e e
i i i i i i i i

faixa 29.

50.

pa po pe pa po pe pa pa pa pa pa po pe
po pa pi po pa pi pi pi pi pi po pa pi

51.

pe pi po pe pi po pe pe pe pe pe pi po
pi pe pa pi pe pa pi pi pi pi pi pe pa

faixa 30.

52.

Fazer com todas as vogais

53.

Fazer com todas as vogais

Parte II								série V - 4ª justa

faixa 31.
54. ♩= 60

Fazer com todas as vogais

55. ♩= 68

Fazer com todas as vogais

faixa 32.
56. * ♩= 60

Fazer com todas as vogais

faixa 33.
57. ** ♩= 76

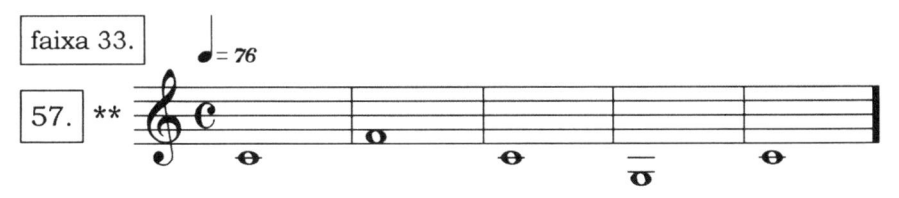

Fazer com todas as vogais

faixa 34.
58. ** ♩= 76

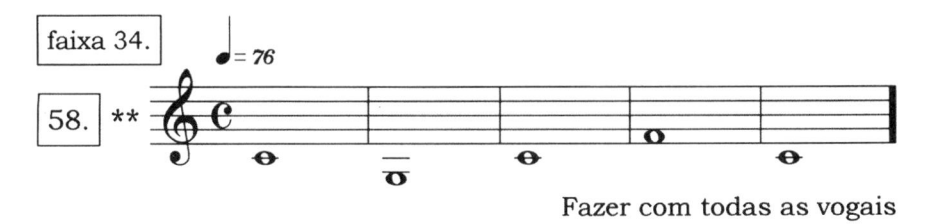

Fazer com todas as vogais

Agora, faça um ditado usando 2ª menor, 2ª Maior, 3ª menor, 3ª Maior e 4ª justa.

* *Veja explicação no ex. 31 da página 53*
** *Veja explicação no ex. 8 da página 41*

## 4ª aumentada ascendente

### Maria (West Side Story)

Leonard Berstein / Sondheim

Ma - ri - a!____ I just lit - tle girl na-med_Ma - ri - a____

## 4ª aumentada descendente

### Prá dizer adeus

Edu Lobo / Torquato Neto

Sei que vou so - zi____ nho____

Como os intervalos 4ª aumentada e 5ª diminuta são enarmônicos, colocamos este exemplo para 4ª aumentada.

Parte II                                           série VI - 4ª aumentada

**SÉRIE VI**   O intervalo de 4ª aumentada tem o mesmo som do intervalo de 5ª diminuta (enarmonia).

4ª aumentada (intervalo de 3 tons)

Exemplo de 4ª aumentada ascendente

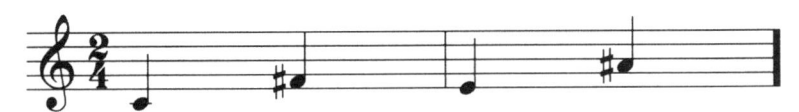

Exemplo de 4ª aumentada descendente

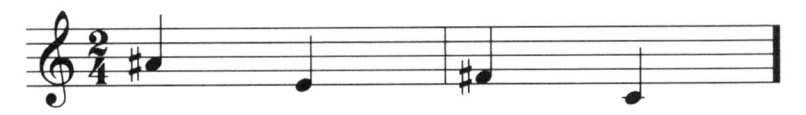

EXERCÍCIOS   [59 - 71]   13 exercícios

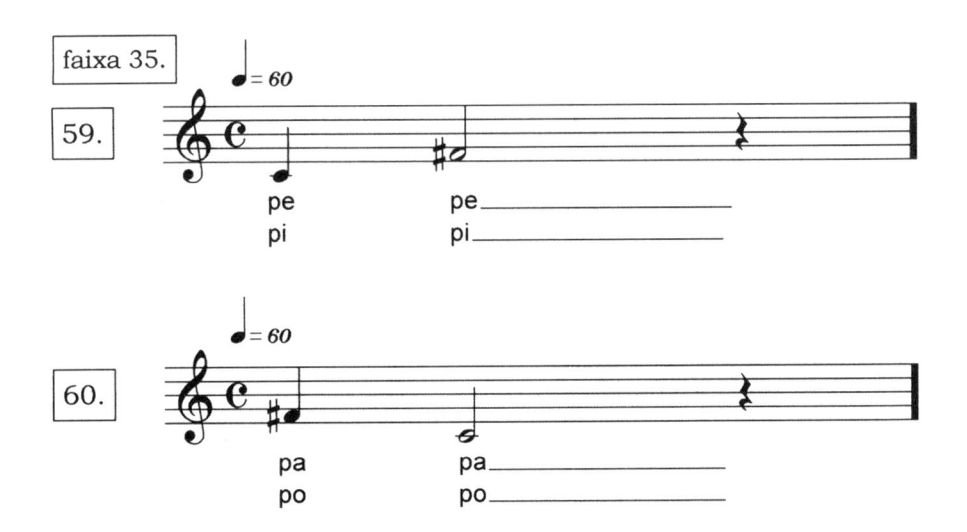

faixa 35.

♩ = 60

59.

pe   pe
pi   pi

♩ = 60

60.

pa   pa
po   po

# Canto: Uma Consciência Melódica

**faixa 36.**

**61.** ♩= 72

a   a____   a   a   a____
o   o____   o   o   o____

**62.** ♩= 72

pa   po____   pe   pa   po   po
po   pa____   pi   po   pa   pa

**faixa 37.**

**63.** ♩= 60

e   a____   e   a   e   a____
i   o____   i   o   i   o____

**64.** ♩= 60

Fazer com todas as vogais

**faixa 38.**

**65.** ♩= 62

a   a   a   a   a____
o   o   o   o   o____

**66.** ♩= 72

u   u   u   u   u____

Parte II                                    série VI - 4ª aumentada

[faixa 39.] ♩= 60

67. *

[faixa 40.] ♩= 72

68.

Fazer com todas as vogais

[faixa 41.] ♩= 72

69.

Fazer com todas as vogais

[faixa 42.] ♩= 76

70. **

Fazer com todas as vogais

[faixa 43.] ♩= 76

71. **

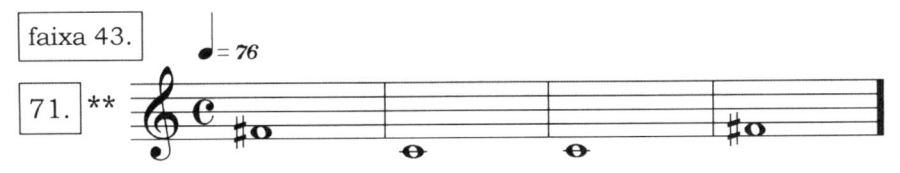

Fazer com todas as vogais

Agora, faça um ditado usando 2ª menor, 2ª Maior, 3ª menor, 3ª Maior, 4ª justa e 4ª aumentada.

* *Veja explicação no ex. 31 da página 53*
** *Veja explicação no ex. 8 da página 41*

## 5ª justa ascendente

### Eu e a brisa

Johnny Alf

Ah! Se_a ju-ven - tu-de que_es-sa bri-sa can-ta

## 5ª justa descendente

### Rio

R. Menescal / R. Boscoli

Rio, que mo - ra no mar\_\_\_\_

\_\_ Sor - ri - o pro meu Rio que tem no seu mar\_\_\_\_

Parte II  série VII - 5ª justa

## **SÉRIE VII**   5ª justa [intervalo de 3 tons e 1 semitom]

Exemplo de 5ª justa ascendente

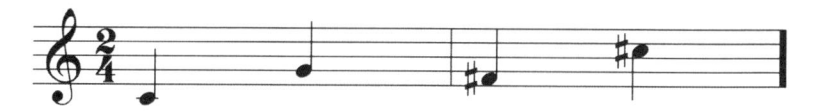

Exemplo de 5ª justa descendente

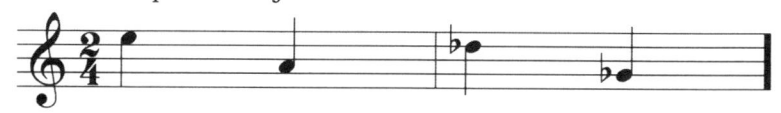

EXERCÍCIOS   [72 - 81]   10 exercícios

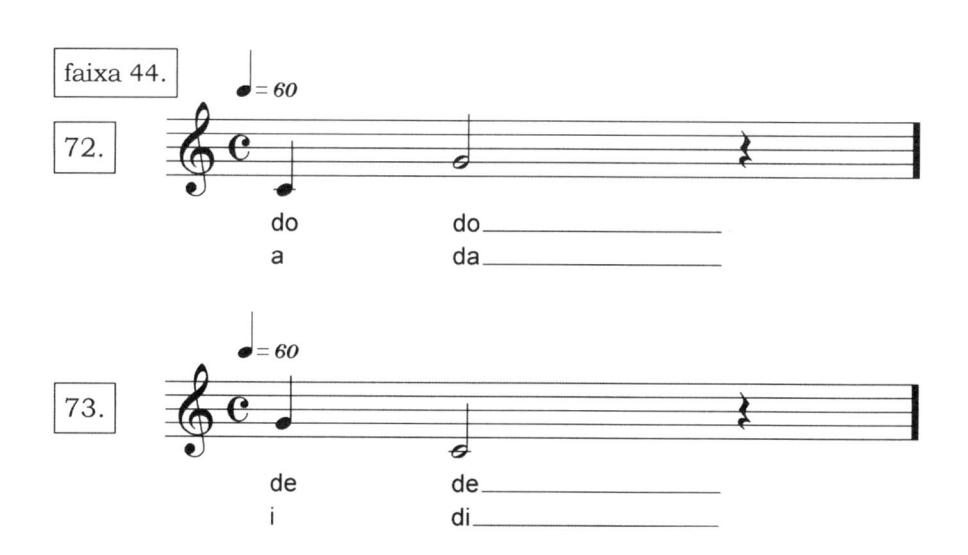

faixa 44.

72.  ♩= 60

do        do_____
a         da_____

73.  ♩= 60

de        de_____
i         di_____

75

Canto: Uma Consciência Melódica

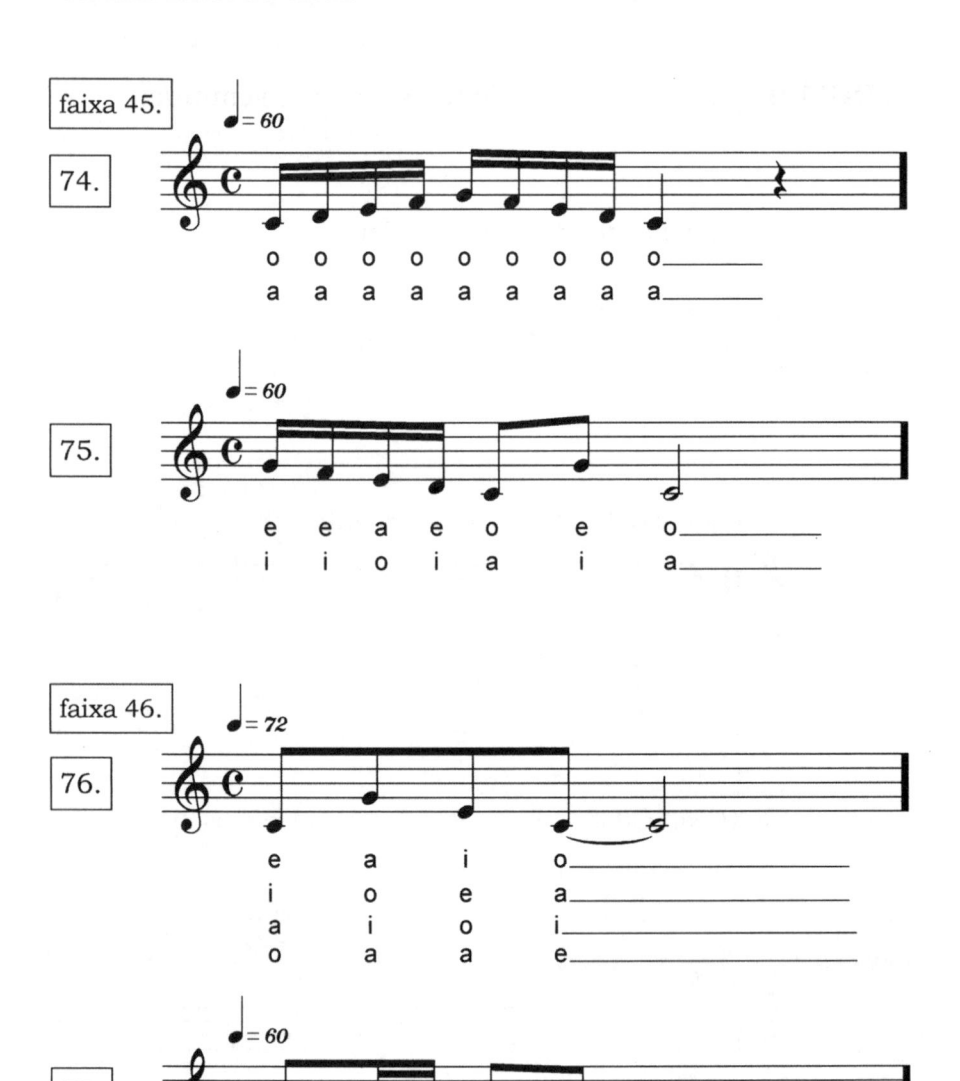

faixa 45.

♩= 60

74.

o o o o o o o o o___
a a a a a a a a a___

♩= 60

75.

e e a e o e o___
i i o i a i a___

faixa 46.

♩= 72

76.

e a i o___
i o e a___
a i o i___
o a a e___

♩= 60

77.

da da da da da___
do do do do do___

Parte II                                      série VII - 5ª justa

**faixa 47.**

**78.** ♩=60

de   de   de   de   de_____
di   di   di   di   di_____

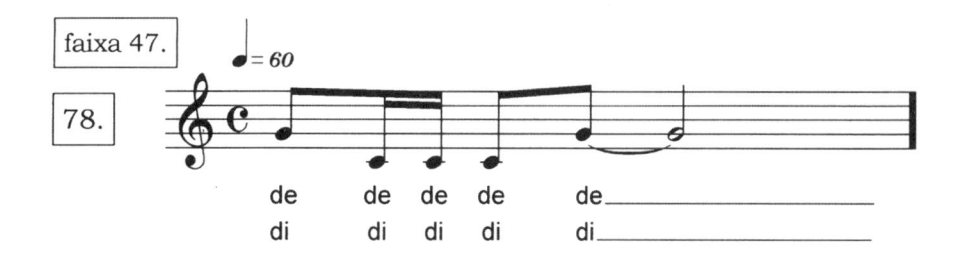

**79.** * ♩=60

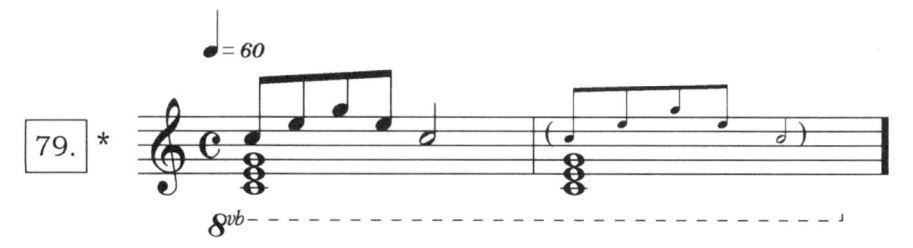

Fazer com todas as vogais

**faixa 48.**

**80.** ♩=72

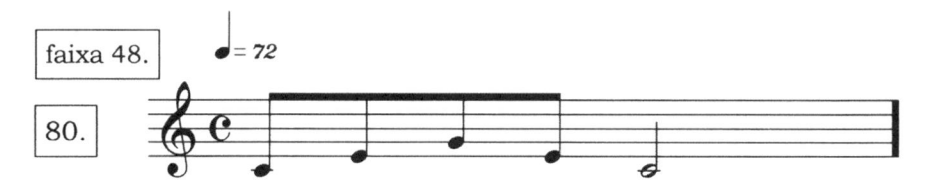

Fazer com todas as vogais

**faixa 49.**

**81.** ** ♩=76

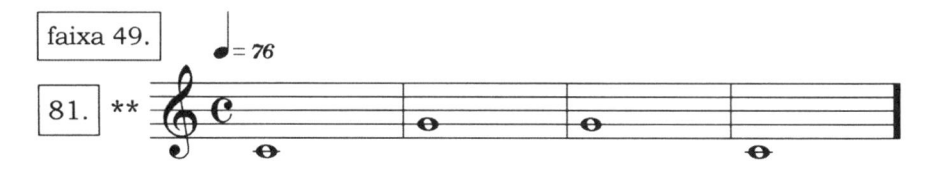

Fazer com todas as vogais

Agora, faça um ditado usando 2ª menor, 2ª Maior, 3ª menor, 3ª Maior, 4ª justa, 4ª aumentada e 5ª justa.

\* *Veja explicação no ex. 31 da página 53*
\*\* *Veja explicação no ex. 8 da página 41*

Parte II                                     série VIII - 6ª menor

6ª menor ascendente

## As pastorinhas

Noel Rosa / João de Barro

A_es - tre - la    Dal___ va___

6ª menor descendente

## Chega de saudade

Antônio Carlos Jobim / Vinícius de Moraes

Vai   mi - nha__ tris-te___   za_e   diz__ a   e

Parte II                                                    série VIII - 6ª menor

**SÉRIE VIII**  O intervalo de 6ª menor tem o mesmo som que o de 5ª aumentada, nesta série ambos serão usados (enarmonia).

6ª menor [intervalo de 4 tons]

Exemplo de:

6ª menor ascendente    5ª aumentada ascendente

6ª menor descendente   5ª aumentada descendente

EXERCÍCIOS   [82 - 91]   10 exercícios

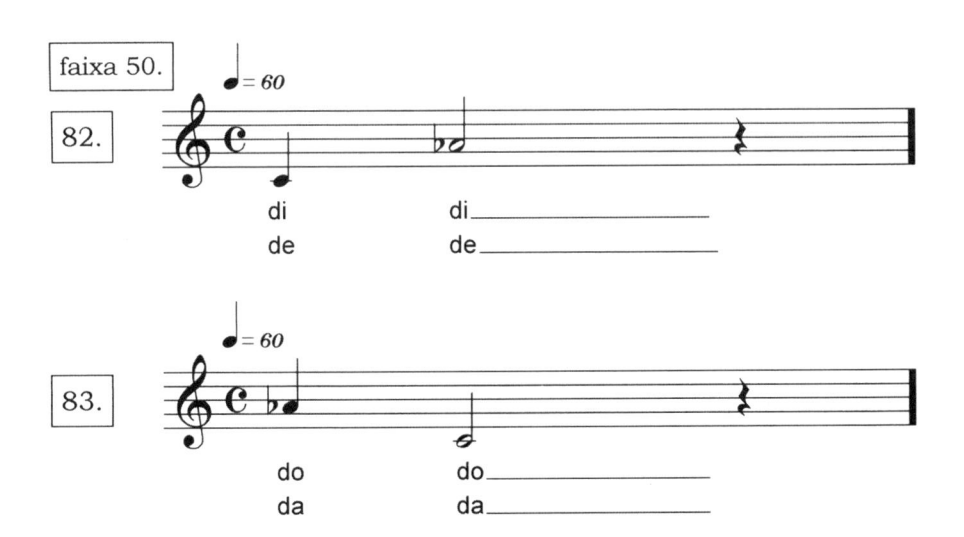

faixa 50.

♩ = 60

82.

di          di
de          de

♩ = 60

83.

do          do
da          da

81

Canto: Uma Consciência Melódica

faixa 51.

84.

Fazer com todas as vogais

85.

Fazer com todas as vogais

faixa 52.

86.

Fazer com todas as vogais

87.

de  de  de  de  de  de  de_____
di  di  di  di  di  di  di_____

faixa 53.

88.

Fazer com todas as vogais

Parte II  
série VIII - 6ª menor

**89.** *  
♩ = 60

Fazer com todas as vogais

faixa 54.  
**90.**  
♩ = 72

do  da  de  di  do
da  do  di  de  da

faixa 55.  
**91.** **  
♩ = 76

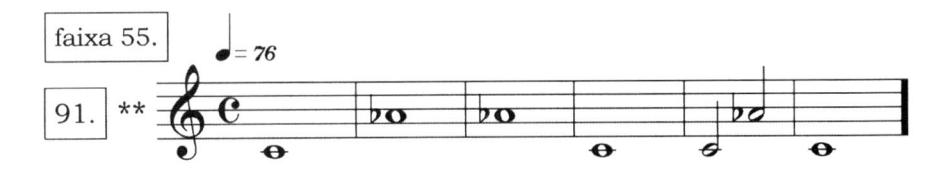

Fazer com todas as vogais

Agora, faça um ditado usando 2ª menor, 2ª Maior, 3ª menor, 3ª Maior, 4ª justa, 4ª aumentada, 5ª justa e 6ª menor.

\* *Veja explicação no ex. 31 da página 53*  
\*\* *Veja explicação no ex. 8 da página 41*

Parte II  série IX - 6ª Maior

6ª Maior ascendente

## Exaltação à Mangueira

Enéas B. da Silva / Aloisio A. da Cunha

Man - guei___ ra teu ce - ná___ rio_é_u - ma be - le___ za___

6ª Maior descendente

## Hoje

Taiguara

Ho - je___ Tra - go_em - meu pei - to_as mar - cas do meu tem - po

Parte II  série IX - 6ª Maior

**SÉRIE IX**   6ª Maior [intervalo de 4 tons e 1 semitom]

O intervalo de 6ª Maior tem o mesmo som do intervalo de 7ª diminuta (enarmonia).

Exemplo de 6ª Maior ascendente

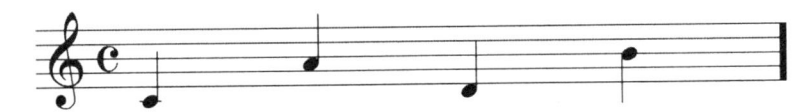

Exemplo de 6ª Maior descendente

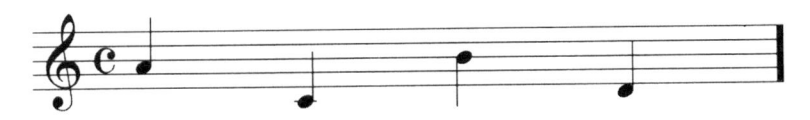

EXERCÍCIOS   [92 - 102]   11 exercícios

faixa 56.

♩ = 60

92.

to      to
te      ta

♩ = 60

93.

te      te
ti      ti

87

Canto: Uma Consciência Melódica

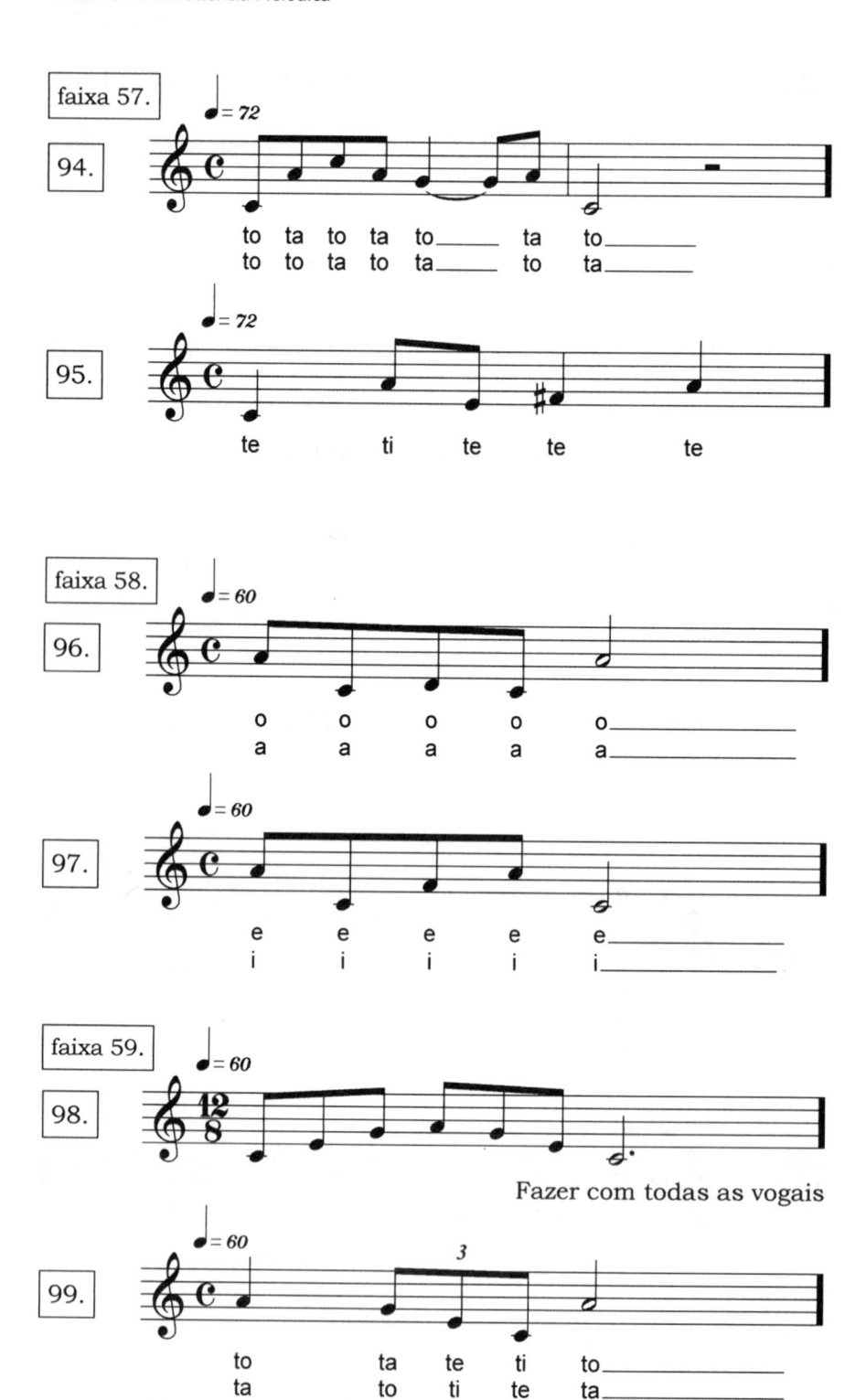

faixa 57.

94.

to ta to ta to___ ta to___
to to ta to ta___ to ta___

95.

te  ti  te  te  te

faixa 58.

96.

o  o  o  o  o___
a  a  a  a  a___

97.

e  e  e  e  e___
i  i  i  i  i___

faixa 59.

98.

Fazer com todas as vogais

99.

to  ta  te  ti  to___
ta  to  ti  te  ta___

Parte II                                                    série IX - 6ª Maior

[faixa 60.] ♩=60

[100.] (pentagrama com sílabas)
te    to    ta    te____
ti    ta    to    ti____

♩=60

[101.] * (pentagrama)
Fazer com todas as vogais

[faixa 61.] ♩=76

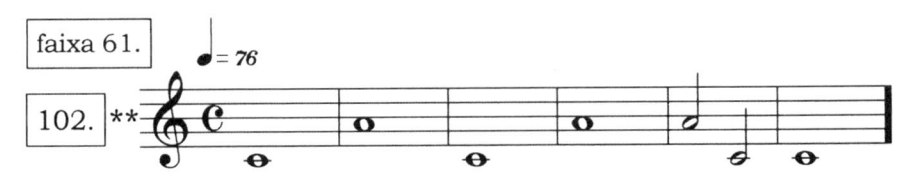

[102.] ** (pentagrama)
Fazer com todas as vogais

Agora, faça um ditado usando 2ª menor, 2ª Maior, 3ª menor, 3ª Maior, 4ª justa, 4ª aumentada, 5ª justa, 6ª menor e 6ª Maior.

* Veja explicação no ex. 31 da página 53
** Veja explicação no ex. 8 da página 41

Parte II — série X - 7ª menor

## 7ª menor ascendente

### Saia do caminho

Custódio Mesquita / Ewaldo Ruy

Jun - te tu do que_é seu. _____ Seu a - mor _____ seus tra - pi - nhos

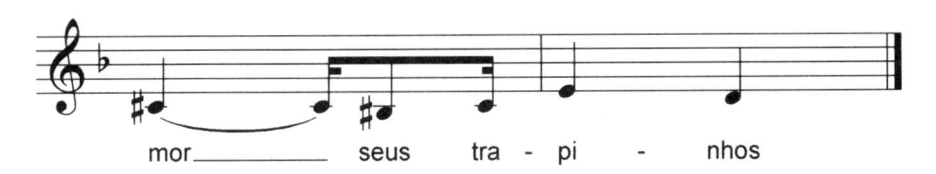

## 7ª menor descendente

### Violão não se empresta a ninguém

Benito Di Paula

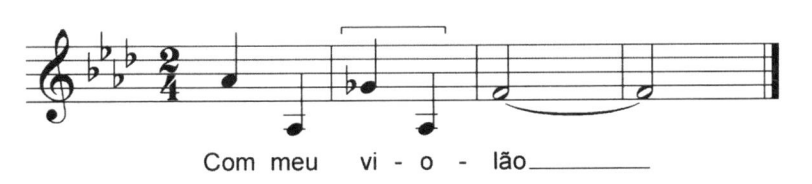

Com meu vi - o - lão _____

## SÉRIE X     7ª menor [intervalo de 5 tons]

Exemplo de 7ª menor ascendente

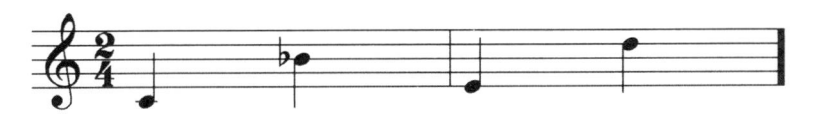

Exemplo de 7ª menor descendente

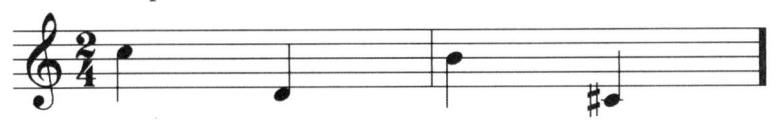

EXERCÍCIOS    [103 - 111]    9 exercícios

faixa 62.

103.
to     to
ta     ta

104.
te     te
ti     ti

Canto: Uma Consciência Melódica

faixa 63.

105.

o o o o o o o
a a a a a a a

106.

u u u u u

faixa 64.

107.

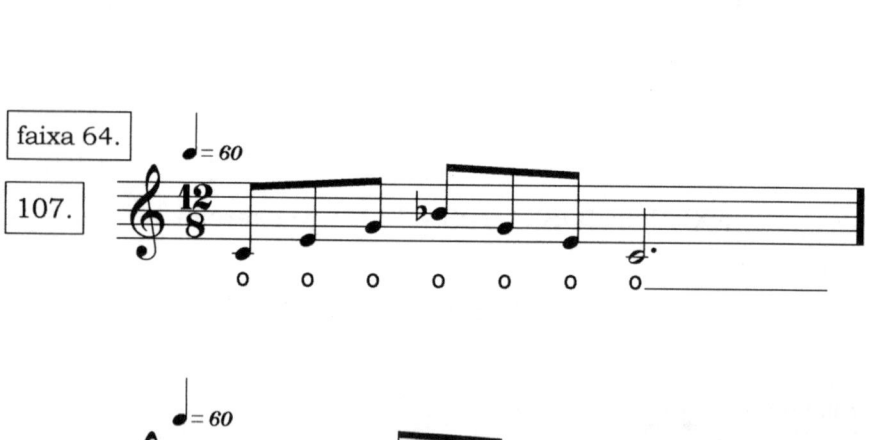

o o o o o o o

108.

o a e i
a o i e
e i a o

Parte II  série X - 7ª menor

faixa 65.
109. *

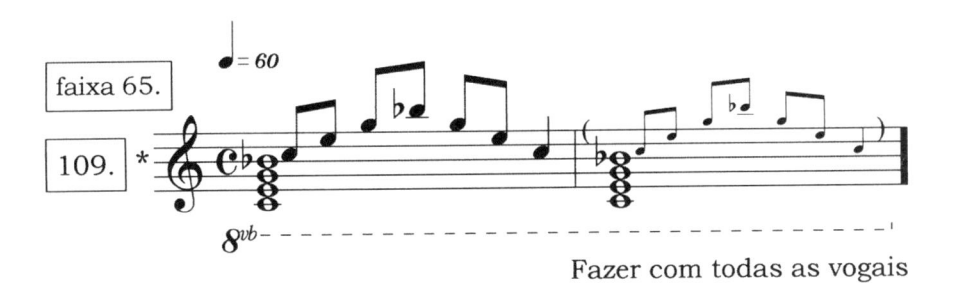

Fazer com todas as vogais

faixa 66
110.

Fazer com todas as vogais

faixa 67.
111. **

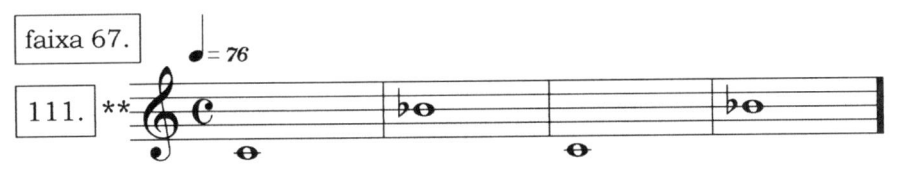

Fazer com todas as vogais

Agora, faça um ditado usando 2ª menor, 2ª Maior, 3ª menor, 3ª Maior, 4ª justa, 4ª aumentada, 5ª justa, 6ª menor, 6ª Maior e 7ª menor.

\* Veja explicação no ex. 31 da página 53
\*\* Veja explicação no ex. 8 da página 41

## 7ª Maior ascendente

### A volta

R. Menescal / R. Boscoli

Bei - ja lon - ga - men - te o quan-to_a so - li - dão pre - ci - sa pra mor - rer

## 7ª Maior descendente

### I love you

Cole Porter

I love you Hums the A - pril bree - ze

## SÉRIE XI      7ª Maior [intervalo de 5 tons e 1 semitom]

Exemplo de 7ª Maior ascendente

Exemplo de 7ª Maior descendente

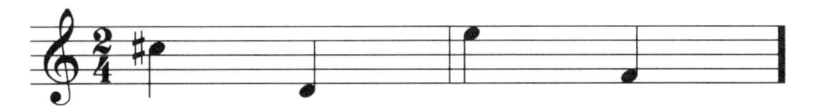

EXERCÍCIOS    [112 - 121]    10 exercícios

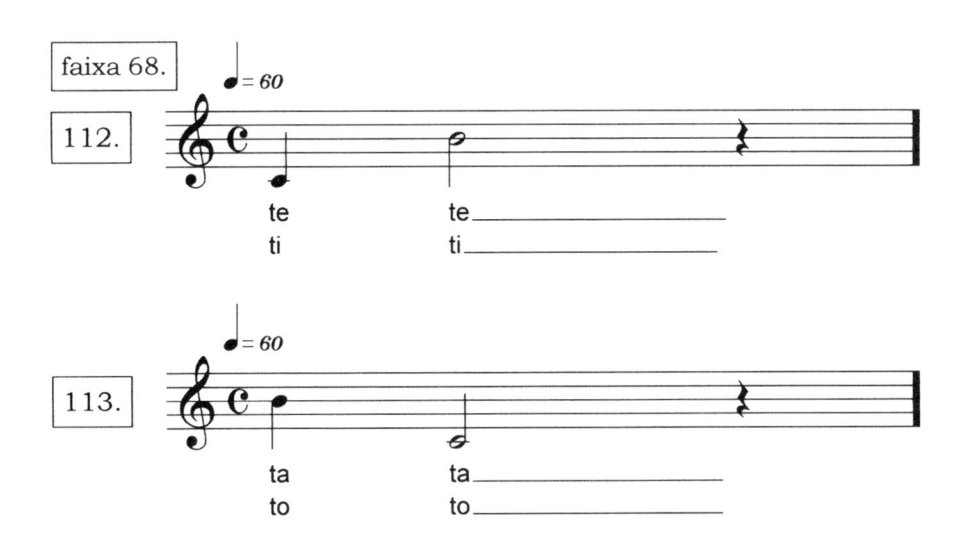

faixa 68.

112.

te      te_____
ti      ti_____

113.

ta      ta_____
to      to_____

Canto: Uma Consciência Melódica

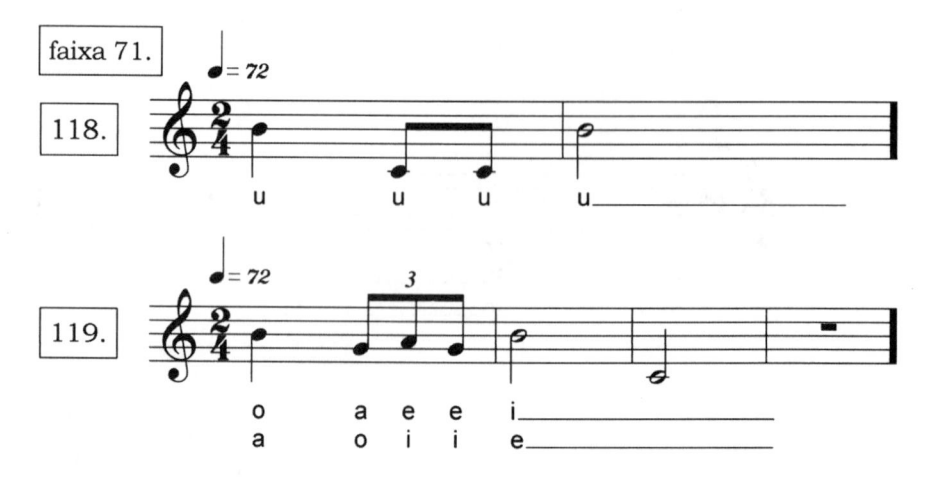

faixa 69.

♩=72

114.

a a a a____
o o o o____

♩=72

115.

e e e e____
i i i i____

faixa 70.

♩=60

116.

ta ta ta ta ta ta ta ta ta____
to to to to to to to to to____

♩=60

117.

Fazer com todas as vogais

faixa 71.

♩=72

118.

u u u u____

♩=72

119.

o a e i____
a o i i e____

100

Parte II  série XI - 7ª Maior

faixa 72.

120. *

Fazer com todas as vogais

faixa 73.

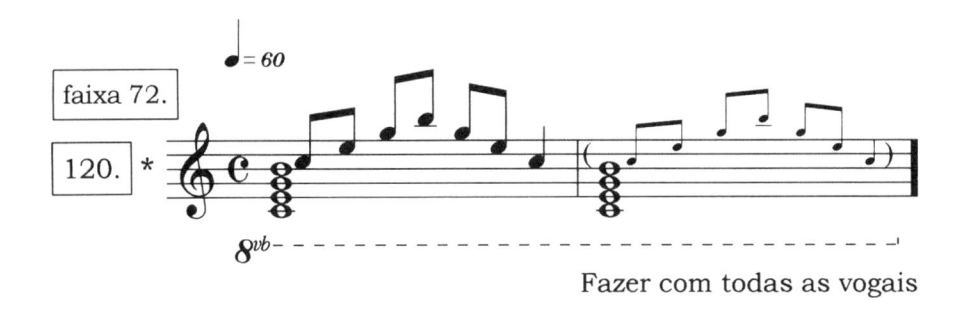

121. **

Fazer com todas as vogais

Agora, faça um ditado usando 2ª menor, 2ª Maior, 3ª menor, 3ª Maior, 4ª justa, 4ª aumentada, 5ª justa, 6ª menor, 6ª Maior, 7ª menor e 7ª Maior.

\* *Veja explicação no ex. 31 da página 53*
\*\* *Veja explicação no ex. 8 da página 41*

## 8ª justa ascendente

### Canta, Brasil

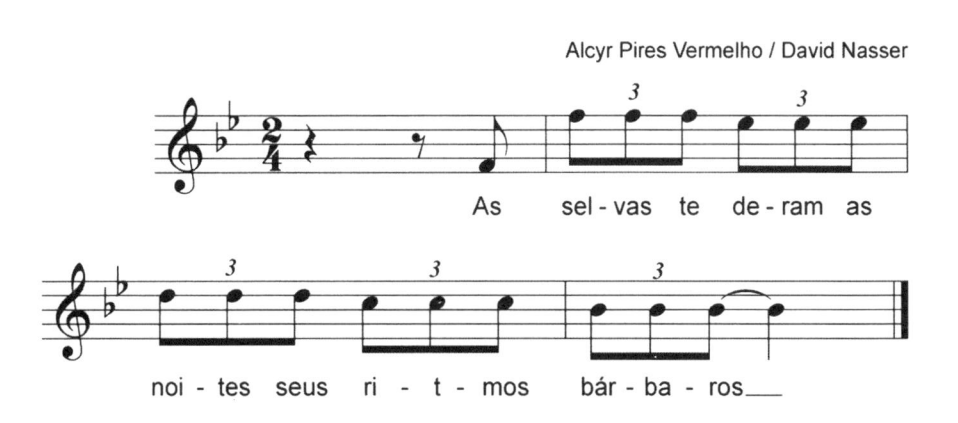

Alcyr Pires Vermelho / David Nasser

As sel-vas te de-ram as noi-tes seus ri-t-mos bár-ba-ros__

## 8ª justa descendente

### Ilusão à toa

Johnny Alf

Sim a-mor dis-cre-to pra_u-ma só pes-so-a Pois nem de

## SÉRIE XII    8ª justa [intervalo de 6 tons]

Exemplo de 8ª justa ascendente

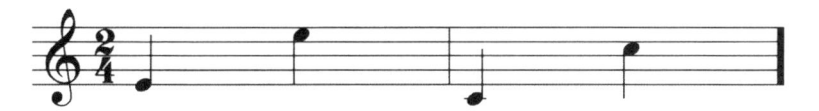

Exemplo de 8ª justa descendente

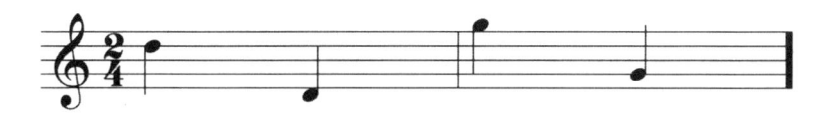

EXERCÍCIOS    [122 - 130]    9 exercícios

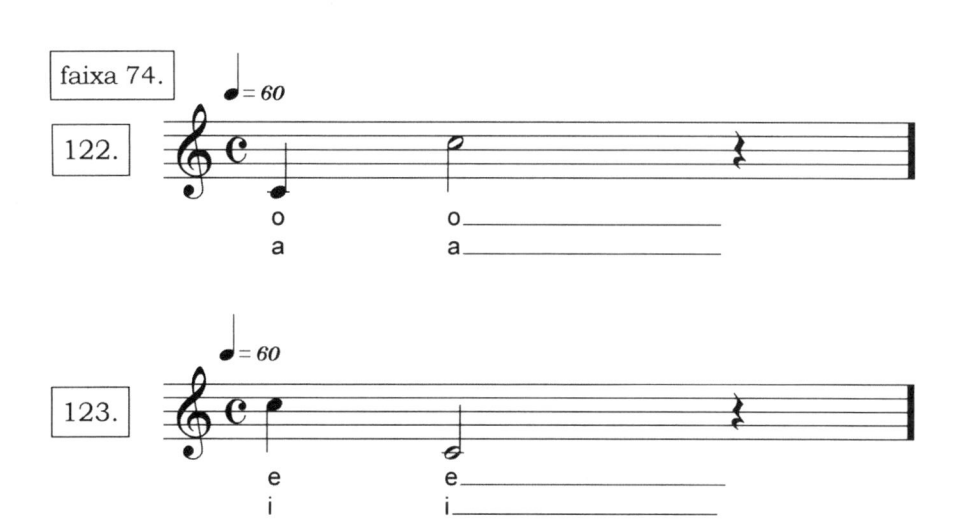

faixa 74.

♩= 60

122.

o
a

o
a

♩= 60

123.

e
i

e
i

Canto: Uma Consciência Melódica

faixa 75.

124. ♩=72

o a o a o a o a    o o a a o o o a a a    o o o a a a
e a e a e a e a    a a o o a a a o o o    a a a o o o

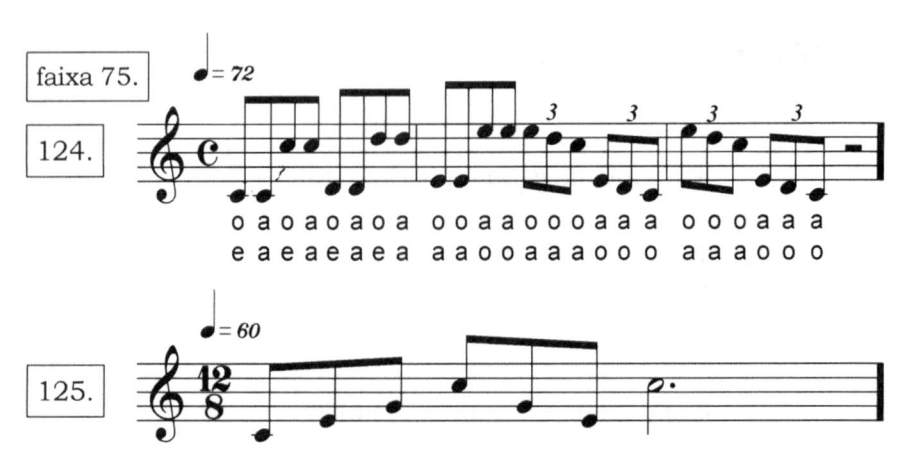

125. ♩=60

Fazer com todas as vogais

faixa 76.

126. ♩=92

o   o   o   o          o
a   a   a   a          a

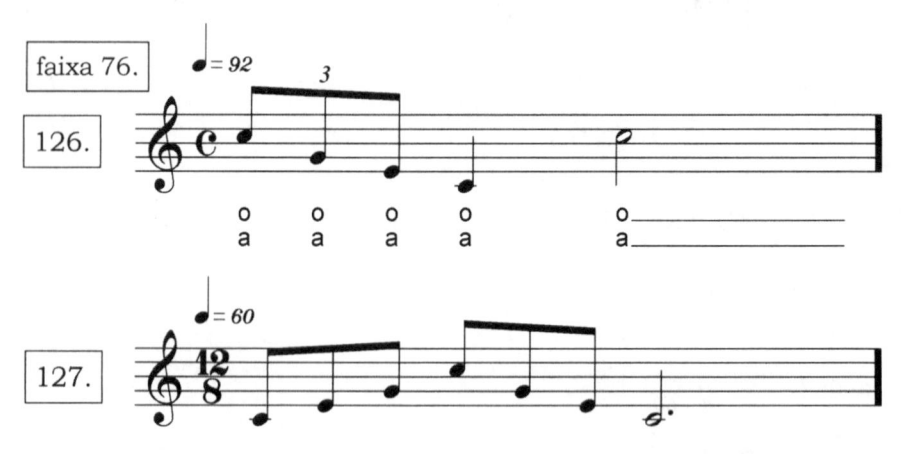

127. ♩=60

Fazer com todas as vogais

faixa 77.

128. ♩=60

Fazer com todas as vogais

129.

Fazer com todas as vogais

faixa 78.

130. *

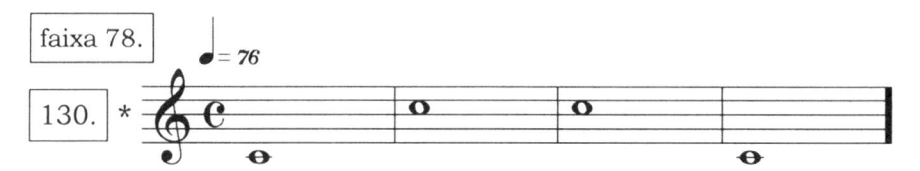

Fazer com todas as vogais

Agora, faça um ditado usando 2ª menor, 2ª Maior, 3ª menor, 3ª Maior, 4ª justa, 4ª aumentada, 5ª justa, 6ª menor, 6ª Maior , 7ª menor, 7ª Maior e 8ª justa.

Você poderá também ouvir uma determinada música e tentar analisar os intervalos. Primeiro, utilize os song books que trazem a partitura da música, onde você poderá analisar a melodia com mais facilidade. Depois tente ouvir a mesma música e reconhecer os intervalos. Este é um ótimo treino de percepção musical. Os intervalos que você sentir mais dificuldade trabalhe novamente.

Como sugestão, coloquei junto com a bibliografia uma lista com vários livros de teoria musical, percepção musical, solfejo cantado e repertório, para que você continue ampliando seus conhecimentos. Qualquer dúvida entre em contato pelo site - www.tuttibae.com.

* *Veja explicação no ex. 8 da página 41*

## Gabarito do Exercício do Capítulo 3 [página 32]

- mi / si = 5ª justa
- mi♭ / ré♭ = 7ª menor
- lá♭ / ré♭ = 4ª justa
- lá / si♭ = 2ª menor
- si♭ / mi = 4ª aumentada
- re / si = 6ª Maior
- fá / sol = 9ª Maior
- mi / mi♯ = 2ª menor cromática
- sol / ré♭ = 5ª diminuta
- mi♭ / sol♭ = 3ª menor
- fá / lá = 3ª Maior
- lá♭ / si = 2ª aumentada
- mi / si♯ = 5ª aumentada
- re / sol = 11ª justa
- dó♯ / si♭ = 7ª diminuta
- dó♯ / fá = 4ª diminuta
- re / mi♭ = 9ª menor
- mi / mi = 8ª justa
- lá♭ / dó = 6ª menor
- lá♭ / sol = 7ª Maior
- sol / sol♭ = 2ª menor cromática
- mi♭ / dó = 10ª menor
- dó / mi = 10ª Maior
- si / mi = 12ª justa
- dó / lá = 13ª Maior

# Tutti Baê

Tutti Baê nasceu na cidade de São Paulo. Começou a se interessar por música muito cedo, influenciada por sua mãe pianista. No final dos anos 1960 os festivais eram a novidade, onde compositores como Caetano Veloso, Gilberto Gil, Chico Buarque, e intérpretes como Elis Regina e Jair Rodrigues estavam surgindo. Na mesma época, a Jovem Guarda aparecia com força total. Roberto Carlos apresentava na TV o programa "Turma da Jovem Guarda".

Aos 12 anos, Tutti Baê mudou-se para Santos, cidade do litoral paulista, onde as rádios tocavam muita música negra norte-americana (Gloria Gaynor, Steve Wonder, Marvin Gaye, Dianna Ross, Donna Summer). Nessa época, estudava violão e já começava a compor. Aos 18 anos, retorna a cidade de São Paulo e inicia seus estudos de canto e de piano. Cursou ULM, CLAM e, atualmente, estuda piano com Amador Longhini. Estudou canto com Madalena de Paula, Nancy Miranda e Silvia Rodrigues Teixeira.

Começou sua carreira como crooner em diversos grupos (Grupo SP3; Banda Reveillon; Grêmio Recreativo Amigos do Rock; Samba, Funk e Soul, liderado por Scowa; Orquestra Arte Viva, liderada por Amilson Godoy; Orquestra Paissandú, liderada por George Freire; e Heartbreakers, liderada por Guga Stroeter, com a qual esteve em turnê por Portugal).

Em 1996, gravou o CD Sensatez pela gravadora Dabliú. Comentário da Guitar Player: "Seu disco de estréia tem fundações muito bem estruturadas num estilo jazzístico, mas com o skat singing bem abrasileirado" (E. P.). No repertório estão músicas como "Pérola negra" (Luiz Melodia), "Jogral" (Filó Machado), "Chora brasileira" (Fátima Guedes) e participações especiais de Guilherme Arantes, Badi Assad, Nailor Proveta, Walmir Gil, François de Lima. Um CD de música popular brasileira.

Em 2002, gravou o CD Mosaico pelas gravadoras Vitale Records e Trama. Comentário da Guitar Player: "Onze faixas que transitam com bom gosto pela praia pop soul, mas com um original sabor brazuca" (L. M.). Nesse CD, que entrou na lista dos melhores de 2003 pela Folhateen (Folha de S.Paulo), Tutti se lança como compositora. Em 2004, apresenta o show de releituras da MPB e do Soul nacionais "Brasil Pop Soul".

Em 2003, Tutti Baê participou do CD Divas do Brasil, uma coletânea que reúne nomes consagrados de cantoras brasileiras como: Elis Regina, Zizi Possi, Cássia Eller, Daniela Mercury, Ana Carolina, Ivete Sangalo, entre outras. O CD foi lançado em Portugal pela Trama. A música escolhida foi "Sempre longe", de sua autoria. Ainda em Portugal, Tutti participou do CD Brasil lounge, com a música "4 paredes", que também está no CD Mosaico. Participou também da coletânea The women's voice, lançada em Londres.

Desde 1992, ministra aulas, workshops e oficinas de canto em SESCs, casas de cultura, escolas de música e em seu próprio estúdio em São Paulo. Foi preparadora vocal do programa do SBT "Ídolos" ("American Idol") nas versões de 2006 e 2007.

Em 2001, lançou seu primeiro livro, Canto – Uma expressão – Princípios básicos de técnica vocal, juntamente com Mônica Marsola, pela Irmãos Vitale Editora. O livro vem acompanhado de um CD com 57 vocalizes. Em 2003, lançou o segundo livro, Canto – Uma consciência melódica – Treinamento dos intervalos através dos vocalizes, também pela Irmãos Vitale Editora. O livro traz um CD com 130 vocalizes. Lançou, em 2006, seu terceiro livro, Canto – Equilíbrio entre corpo e som – Princípios da fisiologia vocal, juntamente com Cláudia Pacheco, também editado pela Irmãos Vitale Editora. O livro vem acompanhado de um CD com 27 vocalizes e três playbacks.

*Contatos:*
site: www.tuttibae.com.br
e-mail: tuttibae@uol.com.br
fone/fax: 11 5679 5449

Bibliografia e sugestão de livros de Teoria Musical, Percepção Musical, Solfejo e Repertório.

- Lacerda, Osvaldo - Compêndio de Teoria Elementar da Música, São Paulo, Editora Ricordi, 1991.
- Hindemith, Paul - Treinamento Elementar para Músicos, São Paulo, Editora Ricordi, 1988.
- Cage, John G. - "Brass Players" Aquecimento e Guia Prático, São Paulo, Editora Imprensa da Fé, 2001.
- Blasio, Denis de - Guide for jazz and Scat Vocalists, New Albani, published by James Aebersold, 1991.
- Nascimento, Frederico / Silva, José Raymundo da - Método de Solfejo - 1º ano, São Paulo, Editora Ricordi Brasileira, 1991.
- Caesari, E. Herbert - Vowelisation Exercises, ltaly, Editori Mílano, 1956.
- Lamperti - 29 Preparatory Vocalises, Kalmus Vocal Series, New York, published by Belwin Mills, 1964.
- Mede, Bohumil - Música, Editora Musimed, Brasília, 1986.
- Mede, Bohumil - Solfejo; Editora Musimed; Brasília, 1986.
- Mede, Bohumil - Ritmo; Editora Musimed; Brasília, 1986.
- Oliveira, Zula de - Prática de Estruturas Musicais, Editora Musical Ltda, 1998.
- Brizolla, Cyro Monteiro - Princípios de Harmonia Funcional, Editora Novas Metas, São Paulo, 1998.
- Scliar, Esther - Elementos da Teoria Musical, Editora Novas Metas Ltda, São Paulo, 1998.
- Jobim, Antônio Carlos - Cancioneiro Jobim - Obras Completas, Edições Euterpe Ltda, Rio de Janeiro, 2000.
- Marsola, Mônica / Baê, Tutti - Canto Uma Expressão (Princípios Básicos de Técnica Vocal), Editora Irmãos Vitale, São Paulo, 2000.
- Scliar, Esther - Fraseologia Musical, Editora Movimento, Porto Alegre, 1982.